# Amor PARA CADA DÍA

Impreso ISBN 978-1-63409-483-2

Ediciones eBook:
Edición Adobe Digital (.epub) 978-1-63409-601-0
Edición Kindle y MobiPocket (.prc) 978-1-63409-602-7

Título en inglés:
*Spiritual Refreshment for Women: Everyday Love*



Desarrollo editorial: *Semantics*, P.O. Box 290186, Nashville, TN 37229
semantics01@comcast.net

Diseño de la portada: Kirk DouPonce, DogEared Design

Publicado por Casa Promesa, P. O. Box 719, Uhrichsville, Ohio 44683, www.casapromesa.com.

*Nuestra misión es publicar y distribuir productos inspiradores que ofrezcan valor excepcional y motivación bíblica al público.*

Impreso en los Estados Unidos de América.

*Refrigerio espiritual para mujeres*

Janice Thompson

CASA PROMESA
Una división de Barbour Publishing, Inc.

# Contenido

# Introducción

¿Qué te viene a la mente cuando oyes las palabras «amor para cada día»? ¿Un amor diario por el cónyuge y la familia? ¿Una relación de caminar y conversar en amor con el Creador del universo? ¿La habilidad de amar a compañeros de trabajo y amigos a pesar de los defectos que tienen? Amor es una de esas palabras que usamos todo el tiempo, y a menudo fuera de contexto. Solemos decir: «Amo la pizza» o «Amo ese programa de televisión». Pero cuando de amar a la gente se trata, eso es algo un poco más complicado. Es difícil amar a otros cuando no nos tratan como deberían. Y es aun más difícil cuando las heridas son profundas. Sin embargo, Dios nos muestra en Su Palabra cómo amar hasta a la persona más insoportable. También dentro de las páginas de ese fabuloso libro revela el gran amor que nos tiene. Recorramos juntas el camino del amor cotidiano.

# Amplio y profundo

## ¡Sin fronteras!

Tan grande es su amor por los que le temen como alto es el cielo sobre la tierra. Tan lejos de nosotros echó nuestras transgresiones como lejos del oriente está el occidente.

SALMOS 103.11–12

El amor de Dios por nosotros sobrepasa toda frontera. Si vamos a las cumbres más elevadas o a los lugares más bajos, Él nos encontrará allí. Estemos donde estemos en nuestro viaje de fe, Él está con los brazos extendidos, listo para perdonar nuestros pecados. No comprendemos esta clase de amor. Así y todo, si pudiéramos entenderlo quizás no lo sentiríamos como un regalo. Gracias a Dios por ese amor que no conoce fronteras.

# Demasiado maravilloso para ser medido

Y de conocer el amor de Cristo que sobrepasa el conocimiento, para que seáis llenos hasta la medida de toda la plenitud de Dios.

Efesios 3.19 LBLA

¿Has pensado alguna vez en medir el amor de Dios? ¡No existe un instrumento suficientemente grande! Ningún mapa lo bastante amplio. Ningún océano tan profundo. El amor del Señor es incalculable. Es profundo y amplio, como cantábamos de niñas. Si pasáramos nuestras vidas buscándole el sentido al amor, finalmente no lograríamos entenderlo.

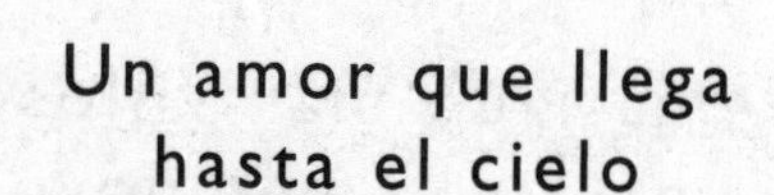

# Un amor que llega hasta el cielo

Tu amor, SEÑOR, llega hasta los cielos;
tu fidelidad alcanza las nubes.

SALMOS 36.5

¿No es interesante imaginar el amor de Dios deslizándose sobre toda la humanidad? Él vierte Su maravilloso manantial de amor desde Su trono en el cielo. Y con los brazos extendidos sobre la cruz ese amor fluye como un sacrificio por todos. El amor del Señor nos alcanza cuando estamos en lugares bajos y nos persigue cuando pasamos épocas de rebelión. ¡Alabado sea Dios por Su amplio amor!

# Nada puede separarnos

En todas estas cosas somos más que vencedores por medio de aquel que nos amó. Por lo cual estoy seguro de que ni la muerte, ni la vida, ni ángeles, ni principados, ni potestades, ni lo presente, ni lo por venir, ni lo alto, ni lo profundo, ni ninguna otra cosa creada nos podrá separar del amor de Dios, que es en Cristo Jesús Señor nuestro.

ROMANOS 8.37–39 RVR60

¿Te has sentido alguna vez como si no inspiraras amor? He aquí una gran noticia: Nada que alguna vez hayas hecho: ningún pecado que hayas cometido, ningún pensamiento que te haya revoloteado en la mente, ninguna tentación en la que hayas caído, puede separarte del amor de Dios. Aunque te sientas muy lejos del Señor, Él sigue ahí extendiendo Sus brazos en amor.

# Amor incondicional

Ven a vivir en mi corazón sin pagar alquiler.

SAMUEL LOVER

El amor incondicional no expresa: «Te amaré *si*». No, el verdadero amor no cobra alquiler. Es un regalo que recibimos libremente y que lo ofrecemos libremente a otros. Al pensar hoy en el incondicional amor que Dios te tiene, ¿por qué no agradecerle que el único costo fuera el que Él pagó a través de la muerte de Su Hijo en la cruz por tus pecados?

# *El más grande regalo*

## Tanto amó Dios

Tanto amó Dios al mundo, que dio a su Hijo unigénito, para que todo el que cree en él no se pierda, sino que tenga vida eterna.

JUAN 3.16

Si pasáramos el resto de nuestras vidas tratando de imaginar el corazón de Dios por Su pueblo, no podríamos lograrlo. ¿Qué clase de padre entrega a Su hijo como sacrificio por las vidas de incontables miles de millones de personas? Y todo lo que nos pide en respuesta es creer, de tal modo que podamos recibir el inconmensurable regalo del amor. Abre hoy tu corazón para creer… ¡y recibe!

# Dar la vida

Nadie tiene amor más grande que el dar la vida por sus amigos.

Juan 15.13

¿Te has preguntado alguna vez si estarías dispuesta a, o en capacidad de, dar tu vida por alguien más (un familiar, un hijo o tu cónyuge)? ¿Podrías hacerlo? Muy pocos seres humanos han dado literalmente la vida. Sin embargo, Jesús, quien vivió sin pecado, se dio voluntariamente como sacrificio por nosotros, Sus amigos. Entregó la vida para que pudiéramos vivir eternamente. ¡Vaya, qué amor!

## De esto se trata el amor

En esto conocemos lo que es el amor: en que Jesucristo entregó su vida por nosotros. Así también nosotros debemos entregar la vida por nuestros hermanos.

I JUAN 3.16

¿Quieres saber qué es el amor? Es la habilidad de sacrificarse (dejar a un lado deseos y anhelos personales) por los demás. Jesús nos dio el ejemplo definitivo de amor sacrificial cuando subió el monte del Calvario y tomó nuestro lugar en la cruz. Estamos siguiendo este ejemplo cuando abandonamos el egoísmo y la soberbia, y ponemos primero a los demás. ¡Qué maravillosa demostración de amor!

## El gran amor de Dios

Dios demuestra su amor por nosotros en esto: en que cuando todavía éramos pecadores, Cristo murió por nosotros.

ROMANOS 5.8

¿Has tratado alguna vez de imaginar formas de mostrar a otros que los amas? Quizás enviar rosas o escribir una gran carta. Tal vez a través de un esfuerzo especial haces algo sacrificial para que otros reconozcan tu gran amor. Dios hizo un esfuerzo especial para mostrarnos cuánto nos ama al ofrecer a Su Hijo unigénito. ¡Qué asombroso ejemplo de cómo amar!

## El regalo del amor

Amar es por sobre todo darse uno mismo.

JEAN ANOUILH

¿Te preguntas qué obsequio dar a aquellos que amas? ¿Por qué no darte tú misma? Las personas en tu vida necesitan tu tiempo, tu energía, tu atención y tu amor. Desean tu ánimo, tu energía y tu inspiradora sonrisa. Todos los mejores regalos que podrías brindar no se acercarían al que más anhelan: ¡tú misma!

# Fruto del amor

**El fruto del Espíritu es amor, alegría, paz, paciencia, amabilidad, bondad, fidelidad, humildad y dominio propio. No hay ley que condene estas cosas.**

GÁLATAS 5.22–23

Si el amor fuera un árbol estaría pesado con frutos. ¿Qué fruto, preguntarías? Ah, muchas variedades. Cuando amas a las personas eres naturalmente más paciente con ellas. Además las tratas con amabilidad y dominio propio. Eres fiel a aquellos que amas, y respondes en forma cortés. Estas cosas son el «fruto» de una relación de amor que viene de lo alto.

## Poder de vida y muerte

En la lengua hay poder de vida y muerte;
quienes la aman comerán de su fruto.

PROVERBIOS 18.21

¿Has estado alguna vez con individuos de lengua mordaz? No parecen muy amorosos, ¿verdad? No, precisamente transmiten lo contrario. La Biblia nos dice que en la lengua hay poder de vida y muerte. Traemos vida cuando expresamos palabras de amor. Al dar respuestas feas, cortantes y críticas insinuamos que nuestro amor tiene limitaciones. Toma hoy la decisión de esparcir vida. ¡Esparce amor!

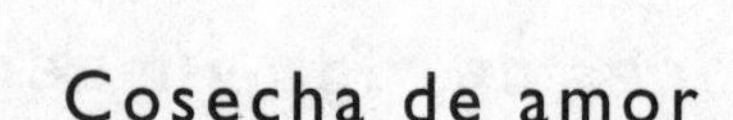

# Cosecha de amor

¡Siembren para ustedes justicia!
¡Cosechen el fruto del amor, y pónganse
a labrar el barbecho!

OSEAS 10.12

Imagínate como una agricultora en el campo plantando buenas semillas. ¿Qué clase de cosecha crees que recogerás? ¡Magnífica, sin duda! Cosechar amor es muy parecido a esto. Cuando empezamos con la actitud correcta y el corazón hacia Dios y los demás, siempre resulta amor. No obstante, debemos empezar hoy con corazones enternecidos, a fin de pasar algún tiempo pidiendo al Señor que destruya las partes insensibles.

## Un amor que perdura

**Permanezcan en mí, y yo permaneceré en ustedes. Así como ninguna rama puede dar fruto por sí misma, sino que tiene que permanecer en la vid, así tampoco ustedes pueden dar fruto si no permanecen en mí.**

**Juan 15.4**

¿Quieres saber cómo tener un amor que subsista? ¿Uno que nunca muera? Permanece en el Señor. Mora con Él. Si estás pasando una época infructuosa en la vida, revisa de nuevo para asegurarte que aún estás conectada al Dador de vida. Una vez injertada en la viña crecerá el fruto… ¡y fluirá el amor!

## Amor: activo y fructífero

Así como la verdad y la belleza, el amor es concreto; esencialmente no es una agradable sensación, ni en el fondo es asunto de sentimiento, afecto o atracción. El amor es activo y eficaz, es cuestión de hacer una relación recíproca y mutuamente benéfica con amigos y enemigos.

CARTER HEYWARD

¿Qué crees que pasaría si descuidas el amor? ¿Si nunca lo usas? ¿Si lo ocultas de los demás? El amor es activo. Significa que se debe exhibir. Usar. Dar. Recibir. No es lo que sentimos; es lo que hacemos. Y tampoco significa que se deba compartir solo con amistades y seres queridos. No, el amor «activo» se derrama sobre todos los demás: en el lugar de trabajo, en el supermercado, ¡y hasta cuando estamos conduciendo!

## Amor: una decisión

### Es decisión tuya

Si a ustedes les parece mal servir al SEÑOR, elijan ustedes mismos a quiénes van a servir.

JOSUÉ 24.15

¡Qué maravilloso privilegio que podamos decidir tantas cosas en la vida! Decidimos con quién casarnos, dónde vivir, a qué iglesia asistir, qué ropa usar. Sin embargo, por sobre todo esto está la decisión más importante de la vida: la de seguir al Señor. Él se extiende hoy con brazos de amor. ¿Responderás a ese amor? La decisión es tuya.

## Vestidas para triunfar

Por encima de todo, vístanse de amor, que es el vínculo perfecto.

COLOSENSES 3.14

¿Has pensado alguna vez en que el amor es parte de tu ropero? Del mismo modo en que te pones una blusa o unos pantalones, te puedes vestir cada día en amor. Añadir amor al ropero significa que estás realmente vestida para triunfar. Esto no siempre es fácil. Es más, debes optar por usar amor, tanto como escogerías tus zapatos. ¡Siempre es la decisión correcta!

## ¡Deja que el amor fluya!

Así como el Padre me ha amado a mí,
también yo los he amado a ustedes.
Permanezcan en mi amor.

JUAN 15.9

Amamos mientras seamos amadas. Piensa por un momento en esta afirmación. Tendemos a expresar amor hasta el mismo grado que lo recibimos. Dios derrama Su amor sobre nosotras veinticuatro horas al día, siete días por semana. Su manantial de gracia, amor y misericordia fluye libremente. Y mientras sigamos bebiendo de esa fuente llegaremos a ser un manantial de vida para otros. Mora en el Señor. ¡Deja que el amor fluya!

## Una decisión minuto a minuto

Amar es una decisión que
tomas minuto a minuto.

Barbara De Angelis

¿Puedes oír el tictac del reloj mientras pasan los segundos? ¡Parpadea y otro segundo se ha ido! Vuelves la cabeza por un momento y ha pasado un segundo. En solo esa cantidad de tiempo, en un abrir y cerrar de ojos, puedes decidir amar; es una decisión, ¿sabes? Puedes escoger amar aun a la persona más fastidiosa. No dejes pasar otro minuto. Decide amar.

## Un collar de amor

Que nunca te abandonen el amor y la verdad: llévalos siempre alrededor de tu cuello y escríbelos en el libro de tu corazón. Contarás con el favor de Dios y tendrás buena fama entre la gente.

PROVERBIOS 3.3–4

¿Has tenido alguna vez un collar realmente fabuloso? Quizás una parienta o una amiga te lo hayan dado. En algunas maneras el amor es como un fino collar, uno que decides usar a propósito. Cada cuenta o piedra representa una persona a quien has amado o alguien a quien has perdonado; el collar te rodea, recordándote el interminable amor de Dios. Y cuelga cerca de tu corazón, un constante recordatorio de que el Señor está a solo un latido.

# Ama como Dios ama

## Porque él me amó primero

Nosotros amamos a Dios porque él nos amó primero. Si alguien afirma: «Yo amo a Dios», pero odia a su hermano, es un mentiroso; pues el que no ama a su hermano, a quien ha visto, no puede amar a Dios, a quien no ha visto. Y él nos ha dado este mandamiento: el que ama a Dios, ame también a su hermano.

1 Juan 4.19–21

¿Te puedes imaginar algo más frustrante para los incrédulos que un cristiano que asegura amar a Dios pero que no extiende amor, misericordia o gracia a otros? Cuán hipócrita debe parecer eso. Quienes seguimos a Jesucristo estamos llamados a participar el amor de Dios, y no solo a personas que aparentemente lo merecen. Jesús amó a los difíciles de amar, y nosotros estamos llamados a hacer lo mismo. Seguir incondicionalmente a Dios significa que debemos amar como Él ama.

## Como yo te he amado

Este mandamiento nuevo les doy:
que se amen los unos a los otros. Así como yo los he amado, también ustedes deben amarse los unos a los otros.

JUAN 13:34

¿Por qué supones que Jesús tuvo que ordenar a Sus seguidores que se amen unos a otros? Parece un poco triste, ¿no es así? Creerías que amar a otros llegaría de manera natural. Pero Jesús comprende que no siempre está en nosotros brindar la misma clase de amor que Él ofrece. El amor de Dios cambia vidas. ¡Ah, ojalá pudiéramos esparcir al mundo que nos rodea el amor que cambia vidas!

# Ofrenda fragante

Lleven una vida de amor, así como Cristo nos amó y se entregó por nosotros como ofrenda y sacrificio fragante para Dios.

EFESIOS 5.2

¿Qué significa llevar una vida de amor? Para algunos resulta naturalmente. ¡Otros tendrán que esforzarse! Llevar una vida de amor significa que te das por entero como perfume en ofrenda fragante, tanto a Dios como a quienes te rodean. Tus palabras tienen agradable gusto y aroma. Así son tus acciones. Dejas atrás una fragancia agradable, y las personas anhelan estar a tu lado. ¡Ummm! ¿Hueles ese amor?

## Lenta para la ira

El SEÑOR es clemente y compasivo, lento para la ira y grande en amor. No sostiene para siempre su querella ni guarda rencor eternamente. No nos trata conforme a nuestros pecados ni nos paga según nuestras maldades.

SALMOS 103.8–10

Una manera de saber si eres «grande» en el amor de Dios es llevar una vida que refleje el carácter divino. Cuando eres lenta para la ira y no reaccionas con enojo cuando te provocan, estás demostrando el amor del Señor. Dios no nos trata como merecemos (¡menos mal!), y Él espera que brindemos a los demás la misma generosidad, aunque nos ofendan. No pagues mal por mal. ¡Ponle freno a esa ira!

## Medida del amor

El amor mide nuestra estatura; mientras más amamos, más grandes somos. No hay paquete más pequeño en todo el mundo que el de un individuo envuelto en sí mismo.

William Sloane Coffin, hijo

¿Cuán grande es tu amor? Piensa en esa pregunta por un instante. ¿«Amas en grande» o eres alguien que retienes el amor, extendiéndolo solo a quien crees que lo merece? Cuando retenemos el amor les estamos diciendo a los demás que nuestros pensamientos y nuestras emociones son más importantes que ellos. ¡Ama en grande hoy! No hagas que todo tenga que ver solo contigo. ¡Te sorprenderá lo bien que te sentirás al compartir el amor de Dios con otras personas!

*Lo auténtico*

## La prueba de amor

Queridos hijos, no amemos de
palabra ni de labios para afuera,
sino con hechos y de verdad.

1 Juan 3.18

Una cosa es decir a los demás que los amamos, y otra es demostrar con acciones ese amor. Por supuesto que todo el tiempo decimos «te amo»; sin embargo, ¿ponemos siempre en práctica esas palabras? No hacerlo es fácil, especialmente con personas difíciles de amar. Pero a Dios siempre le interesan más nuestras acciones que nuestras palabras. Él desea que amemos de palabra... y con hechos.

## Simple y difícil

Ámense unos a otros y serán felices;
es así de simple y difícil.

MICHAEL LEUNIG

Probablemente de niña nunca pensaste que el amor era algo difícil, sino algo tan sencillo como poner los brazos alrededor del cuello de tu madre o dar a tu padre el beso de buenas noches. En el mundo adulto descubriste que algunas personas eran difíciles de amar; pero Dios ordena amarlas. ¿Por qué? ¿Para probarnos? No, Él anhela que experimentemos verdadero gozo, el cual solo llega en una vida repleta con el amor inspirado por el Señor.

## Todo... o nada

Si hablo en lenguas humanas y angelicales, pero no tengo amor, no soy más que un metal que resuena o un platillo que hace ruido. Si tengo el don de profecía y entiendo todos los misterios y poseo todo conocimiento, y si tengo una fe que logra trasladar montañas, pero me falta el amor, no soy nada.

1 Corintios 13.1–2

Una cosa es que afirmes conocer a Dios y que estás llamada a una vida de servicio para Él, y otra es respaldar eso amando a las personas que Él ha puesto en tu vida. No quieres ser un metal que resuena (alguien que habla mucho pero que hace poco). Al contrario, sé conocida como alguien que respalda sus palabras con verdadero amor y compasión por los demás.

## Forzadas a amar

Adúlame, y tal vez no te crea. Critícame,
y quizás me caigas mal. Hazme caso omiso,
y es posible que no te perdone. Anímame,
y no te olvidaré. Ámame, y quizás me sienta
obligado a amarte.

William Arthur Ward

¿Quieres saber cómo convencer hasta a la persona más difícil? Gánatela con tu amor. Acércala con tu bondad. Las personas no responden bien a la crítica o a la adulación, pero el amor las convencerá todo el tiempo. Ah, podría tardar algún tiempo, en especial si la gente no confía en ti. Pero al final el amor ordenado por Dios generalmente convencerá hasta a los individuos más difíciles.

# Amor verdadero

El propósito de nuestra instrucción es el amor nacido de un corazón puro, de una buena conciencia y de una fe sincera.

1 Timoteo 1.5 LBLA

¿No es interesante leer que debamos «instruir» a la gente a experimentar amor nacido de un corazón puro? ¡Creerías que esto viene de manera natural! Pero esta clase de amor es más difícil de lo que se indica. Después de todo, el amor nacido de un corazón puro es sacrificial. Disfrutamos un beso en la mejilla o un apurado «te amo» mientras colgamos el teléfono. ¿Pero el sacrificio? Eso no es fácil, ¿verdad? ¡Deja que el amor verdadero muestre hoy el camino!

# El amor de Dios por nosotras

## Profundo amor de Dios

Pido que, arraigados y cimentados en amor, puedan comprender, junto con todos los santos, cuán ancho y largo, alto y profundo es el amor de Cristo; en fin, que conozcan ese amor que sobrepasa nuestro conocimiento, para que sean llenos de la plenitud de Dios.

EFESIOS 3.17–19

¿Te has detenido alguna vez a considerar el ilimitado amor del Señor por nosotras? Si pudiéramos trepar a la cima del monte más elevado no podríamos escapar al amor de Dios; si bajáramos a las profundidades, allí nos encontraría Su amor. Si nuestra visión se pudiera extender más allá de las estrellas, hallaríamos allá el amor del Señor esperándonos. ¡Realmente nada se puede comparar con el profundo amor de nuestro Salvador!

# Cadenas de amor

No hay nada más liberador que las cadenas del amor.

EMMA RACINE DE FLEUR

Dios no planificó que viviéramos sintiéndonos aprisionadas por ira, frustración o dolor. El amor vence todo eso. Por así decirlo, al amor nos une y nos sujeta, pero no nos sentimos prisioneras. ¡Al contrario, somos libres! Porque el amor de Dios sustituye hasta al más duro de los desafíos y derriba los muros de la prisión. Toma hoy la decisión de reemplazar las ataduras negativas en tu vida con los vínculos del amor.

## Corazones repletos de amor

Esta esperanza no nos defrauda, porque Dios ha derramado su amor en nuestro corazón por el Espíritu Santo que nos ha dado.

ROMANOS 5.5

¿Has dudado alguna vez del amor de Dios por ti? ¿Te has preguntado si Él sigue allí, buscándote? Una manera en que puedes saber con seguridad que el Señor te ama es reconocer la dádiva del Espíritu Santo, quien reside dentro de ti. Dios envió al Espíritu, nuestro Consolador, para que supiéramos que no estamos solas. ¡Habla ahora de un precioso recordatorio del amor divino!

# No abandonadas

El SEÑOR ama la justicia y no abandona a quienes le son fieles. El SEÑOR los protegerá para siempre, pero acabará con la descendencia de los malvados.

SALMOS 37.28

Dios ama a toda la humanidad, pero está claro que tiene un lugar especial en Su corazón para quienes lo llaman «Padre». Ama entrañablemente a quienes le son fieles y tratan con justicia a los demás. A diferencia de algunos padres terrenales, Dios nunca abandona a Sus hijos. Nunca. Él nos protegerá por siempre. ¡Qué asombroso corazón de amor que nuestro Papito tiene por nosotras!

# Amor perdurable

Si alguien reconoce que Jesús es el Hijo de
Dios, Dios permanece en él, y él en Dios.
Y nosotros hemos llegado a saber y creer que
Dios nos ama. Dios es amor. El que permanece
en amor, permanece en Dios, y Dios en él.

1 Juan 4.15–16

¿Te ha cautivado el interminable amor de Dios? Es muy asombroso, ¿verdad? una vez que lo descubrimos y vemos que este amor no tiene límites quedamos conmovidas por tan espectacular amor. Lo único que debemos hacer para recibir este amor es confesar que Jesús es el Hijo de Dios. Cuando lo hacemos, el Creador de los cielos y la tierra entra a morar en nosotras. ¡Alaba al Señor por Su amor perdurable!

# Nuestro amor por Dios

## Con todo mi corazón, alma y mente

Ama al Señor tu Dios con todo tu corazón, con todo tu ser y con toda tu mente —le respondió Jesús—. Este es el primero y el más importante de los mandamientos.

MATEO 22.37–38

Una cosa es amar a Dios con nuestro corazón y otra es amarlo con nuestra mente. Amarlo con nuestra mente significa que Él domina nuestros pensamientos, lo cual inevitablemente controla nuestras acciones. Amar a Dios con tu mente significa que tu máximo deseo es que los pensamientos de Él sean los tuyos. Pasa algún tiempo enfocándote en amar hoy a Dios con tus pensamientos. ¡La recompensa será grandiosa!

## Porque amamos al Señor

Por cuanto en mí ha puesto su amor,
yo también lo libraré; le pondré en alto,
por cuanto ha conocido mi nombre.

SALMOS 91.14 RVR60

¿Te has enamorado del Dios del universo? ¿Sabes? Él desea tener una relación de amor contigo. Él ansía que entres a Su presencia y le entregues el corazón. Cuando Dios ve que has enloquecido por Él se apresura a convertirse en tu rescatador y protector. Esta es la respuesta al amor: llegar hasta donde estés y protegerte. Y todo porque lo amas.

# Fieles en amar

**Amen al SEÑOR, todos sus fieles;
él protege a los dignos de confianza,
pero a los orgullosos les da su merecido.**

SALMOS 31.23

Ser fiel es consecuencia natural de amar a alguien. Puesto que amamos a nuestro cónyuge, somos fieles, sin importar la tentación. Y somos fieles a los miembros de nuestra familia, aunque no estemos de acuerdo con sus acciones. Somos fieles a nuestras amistades contra viento y marea. Dios quiere también que le seamos fieles. Que no nos extraviemos. Que no vayamos tras otros dioses. Somos Su novia, ligadas por amor, fieles hasta que el Señor nos lleve al hogar celestial.

# Colmadas de gracia

**La gracia sea con todos los que aman a nuestro Señor Jesucristo con amor imperecedero.**

**Efesios 6.24**

¿Sabes que tu amor por Jesús tiene un rendimiento asombroso? Cuando lo amas, Dios te prodiga gracia, no solo ahora sino por la eternidad. Tuyas son la gracia, la misericordia y la compasión… todo porque lo amas. ¡Qué fabuloso! ¡Alaba al Señor por la gracia que Su amor produce!

## Amar equivale a dar

Puedes dar sin amar,
pero no puedes amar sin dar.

AUTOR DESCONOCIDO

¿No es interesante pensar que Dios es el dueño de todo? Cada estrella. Cada continente. Cada respiración que damos. Lo posee todo. Nuestro tiempo en la tierra es breve y «poseemos» muy poco en comparación con Dios, pero Él espera que compartamos lo que tenemos. Desea que seamos dadores. Cuando estamos en relación con otros, nos damos a ellos... no por obligación sino por amor, porque amar equivale a dar.

# ¡Ah, el romance!

## Primer amor

¿Cómo explicarías en términos de química y física un fenómeno biológico tan importante como el primer amor?

ALBERT EINSTEIN

¿Recuerdas esa sensación en la boca del estómago la primera vez que te «enamoraste»? Sentías como si allí te hubieran liberado mariposas, ¿verdad? No podías caminar en línea recta, hablar tranquila, ni pensar con claridad. Lo único que podías ver era a esa otra persona. La mayoría de nosotras hace tiempo que ha olvidado nuestros primeros amores, pero Dios no. Desde el mismo principio Él ha estado apasionadamente enamorado de nosotras.

## Amistad ardiente

El amor es como una amistad ardiente.
Al principio una llama muy bonita, a menudo
fogosa e intensa, pero no más que algo
deslumbrante y titilante. A medida que
el amor envejece, nuestros corazones
maduran y nuestro amor se vuelve como
el carbón: muy candente e insaciable.

BRUCE LEE

¿No es esa una cita interesante? Las mejores relaciones se basan en amistades fuertes. Cuando dos de ustedes se llevan en múltiples niveles van más allá de esa etapa de «piel de gallina y hormigueo», y entran en algo más perdurable. Y cuán hermoso es ese amor mientras ustedes crecen juntos. Es como un fuego bien cuidado, con un amor que arde tan profundamente como carbones inextinguibles. ¡Hermoso tener esa clase de amor!

## Levántate, amada mía

Mi amado me habló y me dijo:
«¡Levántate, amada mía; ven conmigo, mujer hermosa! ¡Mira, el invierno se ha ido, y con él han cesado y se han ido las lluvias! Ya brotan flores en los campos; ¡el tiempo de la canción ha llegado! Ya se escucha por toda nuestra tierra el arrullo de las tórtolas. La higuera ofrece ya sus primeros frutos, y las viñas en ciernes esparcen su fragancia. ¡Levántate, amada mía; ven conmigo, mujer hermosa!»

CANTARES 2.10–13

Hay algo más bien mágico en cuanto a hallar el verdadero amor. Tú sabes cuándo llega el correcto. Si has experimentado una propuesta de matrimonio, entonces sabes cómo es que esa persona extienda un momento de «¡Levántate, amada mía; ven conmigo, mujer hermosa!» Nada en el reino terrenal puede superarlo. Si no lo has experimentado, ¡no te preocupes! Dios susurra esas mismas palabras a tu oído, incluso ahora. ¡Levántate, amada mía!

## Por el resto de mi vida

Cuando comprendes que deseas pasar el resto de tu vida con alguien, ansías que el resto de tu vida empiece lo más pronto posible.

NORA EPHRON,
CUANDO HARRY CONOCIÓ A SALLY

¡Ah, qué felicidad descubrir a la persona con la que se supone que te casarás! Dios diseñó que hombres y mujeres se amaran toda una vida. Y una vez que te das cuenta que encontraste a tu «Mr. Correcto» estás lista para lanzarte de cabeza. Esta misma clase de amor entusiasta se nos ha evidenciado a través de la vida de Jesús, quien se lanzó de cabeza hacia la cruz. Allí demostró un amor que nunca acabaría.

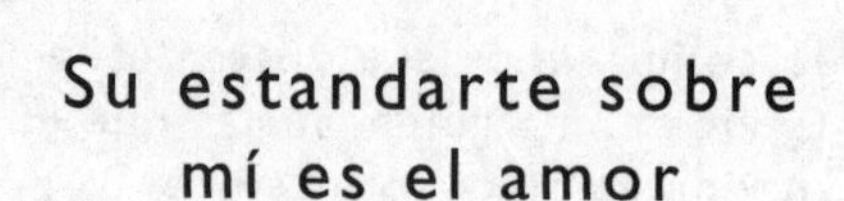

# Su estandarte sobre mí es el amor

Él me ha traído a la sala del banquete, y su estandarte sobre mí es el amor.

CANTARES 2.4 LBLA

Recuerda la canción infantil: «¡Su bandera sobre mí es amor!» El único amor que se le asemeja en esta vida es el que se da entre esposo y esposa. Cuando los dos se unen como uno entras a una «sala del banquete» donde los dos se vuelven uno en todo sentido de la palabra. Allí, en ese lugar íntimo, comparten toda una vida de alegrías y tristezas… uno al lado del otro.

# Amor conyugal

## Como tú misma te amas

**Cada uno de ustedes ame también a su esposa como a sí mismo, y que la esposa respete a su esposo.**

Efesios 5.33

La Biblia instruye a los esposos a amar a sus esposas como se aman a sí mismos. No existe nada más motivador para una esposa que el amor verdadero de un esposo piadoso, uno que estaría dispuesto a dar la vida por ella. Esto la impulsa a ser la mejor esposa posible que pueda ser. ¡El respeto llega fácil por un hombre que ama de ese modo!

# La evolución del amor

El amor parece la más rápida de las progresiones, pero es la más lenta de todas. Ningún hombre ni ninguna mujer saben realmente qué es el perfecto amor hasta estar casados durante un cuarto de siglo.

MARK TWAIN

Ah, esos primeros años de matrimonio. Estamos felices y ciegamente enamorados. No vemos los defectos del otro. Pero el paso del tiempo saca todo a la luz, ¿verdad? Nuestro amor cambia y progresa hacia algo totalmente distinto. Ya no es la clase sensiblera de amor. El amor maduro ve ahora los defectos de la otra persona... pero de todos modos ama. Bueno, ¡eso es verdadero amor!

## Amor incomprensible

Tres cosas hay que me causan asombro, y una cuarta que no alcanzo a comprender: el rastro del águila en el cielo, el rastro de la serpiente en la roca, el rastro del barco en alta mar, y el rastro del hombre en la mujer.

PROVERBIOS 30.18–19

El amor entre un hombre y una mujer es algo maravilloso; es inspirado por Dios. Cuando dos personas están enamoradas no pueden ver adecuadamente. ¡No existe nada más! Dios nos diseñó para compartir este amor asombroso, admirable y alegre. Lo hermoso de este amor es que es inexplicable y a menudo desafía la razón. No se supone que entendamos algunas cosas… solo que las experimentemos.

## Las que aman a sus esposos...

Que enseñen a las jóvenes a que amen a sus maridos, a que amen a sus hijos.

TITO 2.4 LBLA

En tiempos bíblicos las mujeres jóvenes a menudo se casaban con hombres mayores que ellas, y generalmente no por amor. Las prometían en matrimonio basándose en decisiones tomadas por sus padres. No asombra que se les debiera «enseñar» a amar a sus maridos. El amor crecería con el tiempo después de que la pareja hacía sus votos. Hoy día la situación es diferente, pero seguimos necesitando tiempo para madurar en nuestro amor. El verdadero amor sigue creciendo con el tiempo.

# A mirar en la misma dirección

El amor no consiste en mirarse uno al otro
sino en mirar juntos en la misma dirección.

ANTOINE DE SAINT-EXUPERY

Cuando una pareja está enamorada es común descubrirse mirándose a los ojos. ¡Ah, el amor! Es tan romántico. Sin embargo, las personas que han estado enamoradas por muchos años aprenden que es mucho más importante mirar en la misma dirección: hacia el Señor. Mantener nuestra mirada en Él mantendrá el romance fresco y la dirección segura.

# Ama a tu familia

## Rocío de la mañana

**El amor es como el rocío que cae tanto en ortigas como en lirios.**

PROVERBIO SUECO

No todas las personas son fáciles de amar, aun dentro de nuestras familias. Por lo general hay al menos un miembro del clan que representa un desafío continuo. He aquí la buena noticia: El amor de Dios se vuelca realmente sobre quienes son fáciles de amar… y sobre quienes no lo son. Y ya que reconocemos que el Señor ama a todos, también a estos (fáciles o no) podemos abrirles nuestros corazones para amarlos.

## El amor en la casa

**Más vale comer verduras sazonadas con amor que un festín de carne sazonada con odio.**

PROVERBIOS 15.17

Muy a menudo creemos que las posesiones materiales pueden comprar felicidad. Nada está más alejado de la verdad. ¿De qué serviría que tuvieras todo pero que no te pudieras llevar con las personas de tu propia casa? Qué triste panorama. Sería mejor botar el auto de lujo y la casa costosa, y aprender a amar a tu familia del modo en que Dios la ama. Esto podría ser retador, pero al final el resultado haría que todo valiera la pena.

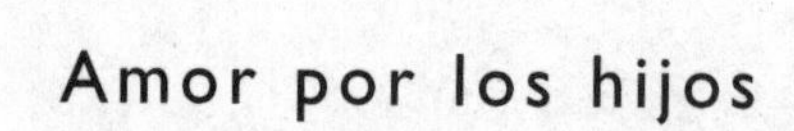

# Amor por los hijos

Antes de convertirme en madre yo
tenía cien teorías sobre cómo criar
hijos. Ahora tengo siete hijos y una sola
teoría: Amarlos, especialmente cuando
menos merecen ser amados.

KATE SAMPERI

¿Recuerdas la primera vez que miraste fijamente el rostro de tu bebé? Qué sentimientos de amor te inundaron. Luego ese pequeño encantador cumplió dos años y aprendió la palabra *no*. De pronto el amor se mezcló con disciplina y te volviste un poco irascible. Amar a tus hijos es fácil... la mayor parte del tiempo. Pero aun en momentos difíciles recuerda que somos hijas de Dios, y que Su amor por nosotras nunca cesa.

## Salvados por amor

**Por la fe Noé, advertido sobre cosas que aún no se veían, con temor reverente construyó un arca para salvar a su familia. Por esa fe condenó al mundo y llegó a ser heredero de la justicia que viene por la fe.**

HEBREOS 11.7

Hay una gran historia en la Biblia acerca de Noé, un hombre justo escogido por Dios para construir un arca y así salvar a la humanidad. Noé y su familia abordaron el monstruoso navío y escaparon del diluvio. ¿Por qué el Señor eligió a Noé? Porque era un hombre justo. La humanidad fue salvada por el amor de Dios, no solo en el arca sino cuando Él envió a Su Hijo Jesús a rescatarnos del pecado.

## La necesidad de amar

Un bebé nace con la necesidad de ser amado...
la cual nunca supera.

FRANK A. CLARK

¿Te has preguntado alguna vez qué necesita tu hijo? ¿Un juguete nuevo? ¿El último y más fabuloso videojuego? ¿Una casa lujosa? ¿El mejor colegio? ¿Padres perfectos? No, lo único que tu hijo necesita por sobre todo es amor. Así de sencillo. Cuando son buenos, y cuando son malos, nuestros hijos deben experimentar constante amor inspirado por Dios... de parte de sus padres, abuelos, maestros y amigos. Pasa tiempo hoy amando a tu hijo. No te arrepentirás, ¡y el chico tampoco!

# Ama a tu prójimo

## ¡Resume!

Los mandamientos que dicen: «No cometas adulterio», «No mates», «No robes», «No codicies», y todos los demás mandamientos, se resumen en este precepto: «Ama a tu prójimo como a ti mismo». El amor no perjudica al prójimo. Así que el amor es el cumplimiento de la ley.

ROMANOS 13.9–10

«Ama a tu prójimo como a ti mismo». Toda la vida hemos oído esas célebres palabras, pero ¿qué significan? ¿Y quién es nuestro prójimo? ¿El que vive en la casa vecina? ¿La mujer en la tienda de comestibles? Nuestros prójimos son aquellas personas que vemos a diario. Dios desea que las amemos del mismo modo que nos amamos a nosotras mismas. Pide hoy al Señor que te muestre cómo amar a tu prójimo.

## Amor perenne

En todo tiempo ama el amigo; para ayudar en la adversidad nació el hermano.

PROVERBIOS 17.17

¿Has considerado alguna vez la idea de que un amigo ama en todo momento? Parece imposible, ¿verdad? Hasta los amigos pelean. De vez en cuando no se llevan bien. Incluso, cada uno podría irse por su lado. Sin embargo, Dios desea que el amor permanezca intacto. Si estás pasando una época difícil con una amiga, pide al Señor que restaure tu amor. Entonces alístate para ser amiga de esa persona… todo el tiempo.

## Afecto fraternal

El amor debe ser sincero. Aborrezcan el mal; aférrense al bien. Ámense los unos a los otros con amor fraternal, respetándose y honrándose mutuamente.

ROMANOS 12.9–10

Amor fraternal es esa clase de afecto que se expresa con una «palmadita en la espalda» o «reírse de los mismos chistes». Ese amor significa interesarse. Cuando amas, te interesan verdaderamente los demás: cómo se sienten y qué esperanzas, sueños y angustias tienen. Te atañe todo acerca de ellos porque te importan. Aférrate a lo bueno. ¡Ámense unos a otros!

## Ama a tu hermano

Si alguien afirma: «Yo amo a Dios», pero odia a su hermano, es un mentiroso; pues el que no ama a su hermano, a quien ha visto, no puede amar a Dios, a quien no ha visto. Y él nos ha dado este mandamiento: el que ama a Dios, ame también a su hermano.

I JUAN 4.20–21

Es interesante pensar en que se nos ordena amar a Dios aunque nunca lo hayamos visto con nuestros ojos. Más extraño aun es que tengamos dificultades para amar a nuestro hermano: amigo, vecino, compañero de la iglesia... a quienes *hemos* visto. El arreglo ideal de Dios incluye amar tanto a quienes podemos ver como a Quien no podemos ver.

# Amor plural

En lo único que el amor es singular es
como se escribe: una sola palabra.

MARVIN TAYLOR

El amor es plural. No es un «yo, mi, me». Significa que se comparte entre dos o más partes. Ya sea que lo compartas con tu cónyuge, tus padres, tu hijo, tu vecino o tu amiga en la iglesia, cuando brindas amor recibes amor. Cuando lo compartes duplicas tu porción. Y cuando amas a otros, recibes amor en respuesta. ¡Gracias a Dios por la pluralidad del amor!

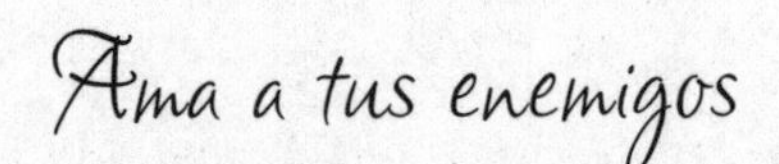


# Ama a tus enemigos

**Yo les digo: Amen a sus enemigos y oren por quienes los persiguen.**

MATEO 5.44

No estamos llamadas a amar solamente a quienes nos aman, también se nos ordena amar a quienes nos ofenden… los mismos que nos hacen sufrir. ¿Cómo es posible eso? Primero, debemos reconocer que todos pecamos y que no alcanzamos la gloria de Dios. Segundo, debemos renunciar a todo dolor y amargura. Finalmente, debemos orar por nuestros enemigos. Solo en oración puede ganar el amor.

## La prueba de amor

Si tu enemigo tiene hambre, dale de comer;
si tiene sed, dale de beber. Actuando así,
harás que se avergüence de su conducta,
y el SEÑOR te lo recompensará.

PROVERBIOS 25.21–22

¿Qué harías si tu enemigo mortal estuviera en problemas? ¿Digamos que se le incendiara la casa o su hijo enfermara gravemente? ¿Pasarías la prueba del amor? ¿Podrías poner a un lado tu angustia y extenderle una mano, brindándole amor verdadero? Pasa hoy algún tiempo pidiendo al Señor que te revele Su plan para brindar amor a quienes se han convertido en tus enemigos. ¡Al poco tiempo se derribarán los muros!

# Un corazón dirigido

Que el Señor los lleve a amar como Dios ama, y a perseverar como Cristo perseveró.

2 TESALONICENSES 3.5

Dios desea que no nos maneje la emoción sino Su amor y la firmeza de Su Hijo. Cuando dejamos que nuestros corazones estén dirigidos por el maravilloso amor de Dios, podemos realmente tratar con nuestros enemigos en una manera piadosa. Debemos hacer una pausa, respirar profundamente, y escuchar la voz del Señor. Solo entonces podremos sentir Su dirección y reaccionar con amor marcando la pauta.

## Ama... y haz bien

A ustedes que me escuchan les digo: Amen a sus enemigos, hagan bien a quienes los odian.

LUCAS 6.27

Al amor siempre lo siguen las acciones. Y no solo cualquier acción. Si amamos de veras a alguien reaccionaremos con amabilidad. Trataremos bien a esa persona, aunque esta no reaccione de forma similar. El amor siempre va de la mano con «hacer bien». Por supuesto, a veces es difícil, pero Dios te dará la fortaleza para salir adelante, ¡así que dedícate de lleno!

## Transformadas por amor

El amor es la única fuerza capaz de transformar en amigo a un enemigo.

MARTIN LUTHER KING, HIJO

El amor es una fuerza poderosa que une a enemigos mortales y restaura relaciones casi imposibles. Piensa en alguien con quien te hayas peleado. Toma tiempo para orar por esa persona. Pide al Señor que te muestre cómo amarla para que la relación se pueda restaurar si hay alguna posibilidad. ¡Luego ponte cómoda y espera que la transformación ocurra!

# Amor hacia tus compañeros creyentes

## Amor por la iglesia

**Nosotros sabemos que hemos pasado de la muerte a la vida porque amamos a nuestros hermanos. El que no ama permanece en la muerte.**

**1 Juan 3.14**

Nuestros hermanos y hermanas en Cristo deberían ser para nosotros como miembros de la familia, ¡y como tales no siempre son fáciles de amar! Pero amar a miembros de la iglesia es la mejor manera de mostrar que amamos a Dios. Si lo amamos, deberíamos amar a Sus hijos. Así es como sabemos que estamos vivas en Cristo.

## Meditación en el amor

Dentro de tu templo, oh Dios,
meditamos en tu gran amor.

SALMOS 48.9

¿Te gusta la adoración colectiva? Hay algo respecto de levantar tu voz, tus manos, y tu corazón al Rey de reyes y Señor de señores en medio de otros creyentes. Y qué tiempo magnífico para meditar en el gran amor de Dios. Como un cuerpo, y una unidad, nos congregamos y reconocemos el mismo amor que nos vincula. ¡Qué maravilloso morar juntos… en amor!

## Amor por el pueblo del Señor

Dios no es injusto como para olvidarse de las obras y del amor que, para su gloria, ustedes han mostrado sirviendo a los santos, como lo siguen haciendo.

HEBREOS 6.10

Dios está observando para ver cómo tratamos a nuestros compañeros creyentes. Él mira desde Su trono en el cielo para asegurarse que estamos unidos por Su amor. Al amar, extendemos una mano de amabilidad y amistad. Por supuesto, esto no siempre es fácil, pero es la manera de Dios. ¿Y no te parece interesante saber que el Señor no olvidará que hemos ayudado a Su pueblo? ¡Su memoria de largo plazo es maravillosa!

## Hermanos y hermanas

Den a todos el debido respeto: amen a los hermanos, teman a Dios, respeten al rey.

1 Pedro 2.17

Las familias tienen altercados bajo las mejores circunstancias. Lo mismo se aplica al cuerpo de Cristo. Somos una gran familia con Dios como nuestro Padre, pero a veces no nos ponemos de acuerdo. Hasta peleamos. Amar a alguien no significa que siempre tendrás el mismo parecer, pero sí significa que respetas a la otra persona y la tratas con dignidad. Bueno, ¡así es el amor de Dios!

## Felicidad suprema

**La felicidad suprema en la vida es tener la convicción de que somos amados... amados por lo que somos, o mejor dicho, amados a pesar de lo que somos.**

VÍCTOR HUGO

Andar tropezando por la vida sin amor sería muy difícil. No hay nada mejor que darte cuenta que eres amada simplemente por ser tú. No tienes que hacer nada para ganar ese amor. Sencillamente eres amada. ¿No te alegra eso el corazón? ¡Dios nos ama a pesar de lo que somos! ¡Alábalo por eso!

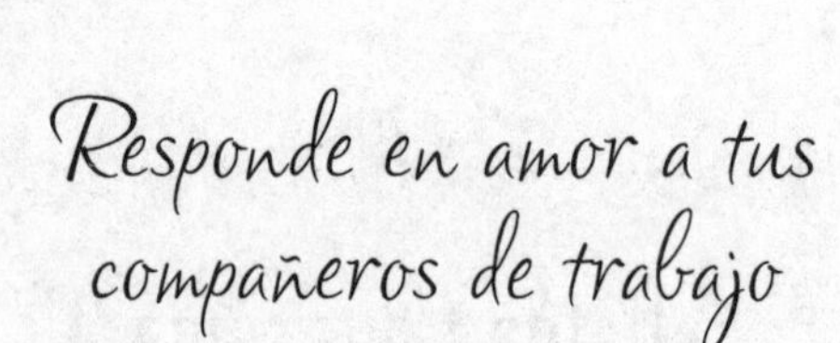


## Edificadas por el amor

**El conocimiento envanece, mientras que el amor edifica.**

**1 Corintios 8.1**

Si eres activa en la fuerza laboral sabes entonces qué difícil es amar a tus compañeros de trabajo. La mayoría de las veces nos desvivimos por mostrar que somos mejores que la persona contigua, y no exactamente por irrigarle amor. No obstante, compartir el amor de Dios con otros en nuestro lugar de trabajo es realmente el plan de Él para nosotras. Toma hoy la decisión de inspirar a tus colegas amándolos.

## Lo que necesita el mundo

**Lo que el mundo necesita de veras es más amor y menos burocracia.**

PEARL BAILEY

¡Vaya, la oficina! A veces reina el caos. La carga laboral es mucha, las presiones son cada vez mayores, y las emociones gobiernan el día. En medio de la locura que provocan las fechas límite se espera que amemos a nuestros compañeros de trabajo, no solo de palabra sino también con hechos. ¿Parece imposible? No lo es. Debemos detenernos lo suficiente para respirar hondo y enfocarnos. Con la ayuda de Dios hasta la locura es manejable, mientras le permitamos que Su amor esté en primer lugar.

## Nuestra búsqueda

El que va tras la justicia y el amor halla vida, prosperidad y honra.

PROVERBIOS 21.21

¿Quieres que te respeten en el lugar de trabajo? ¿Deseas tener la atención adecuada de parte de colegas y del jefe? Utiliza la justicia y el amor. Levántate en defensa de lo que es justo. Si vas tras la justicia (aunque otros a tu alrededor estén sucumbiendo a la tentación), y si amas de veras a tus compañeros, al final saldrás como una ganadora. No siempre será fácil el camino, pero valdrá la pena.

## Amor correspondido

Ama la vida y la vida te corresponderá.
Ama a las personas y te mostrarán amor.

ARTURO RUBINSTEIN

En el sitio de trabajo vemos a menudo lo mejor y lo peor de las personas. Es casi imposible llevarnos bien con algunas. Derramamos nuestro amor, y ellas no responden. Lo intentamos de nuevo y no recibimos nada. Clamamos: «¿Cómo puedo amar a esta persona? ¡Ni siquiera me cae bien!» Si estás tratando con un «caso difícil», no renuncies. Sigue extendiendo amor. Quizás la compensación se tarde, pero mientras tanto serás hallada fiel.

## Amor creciente

Hermanos, siempre debemos dar gracias
a Dios por ustedes, como es justo,
porque su fe se acrecienta cada vez más,
y en cada uno de ustedes sigue abundando
el amor hacia los otros.

2 Tesalonicenses 1.3

A veces las relaciones en el trabajo pueden debilitarse con el tiempo. Quizás ustedes empezaron siendo amigos, pero las tensiones del ambiente ocasionaron un deterioro en la amistad. Si quieres mantener fabulosas relaciones internas que se hagan más fuertes con el tiempo, tienes que mantener el amor fraterno como prioridad. No siempre será fácil, pero valdrá la pena.

## Amor por las naciones

### ¡Buenas nuevas para las naciones!

**Este evangelio está dando fruto y creciendo en todo el mundo, como también ha sucedido entre ustedes desde el día en que supieron de la gracia de Dios y la comprendieron plenamente.**

COLOSENSES 1.6

La palabra *evangelio* significa buenas nuevas. ¡Tenemos buenas nuevas para las naciones! ¡Jesucristo vino y dio Su vida por todos! Si tuvieras noticias fantásticas que afectaran a tus hijos o amigos, ¿no las expresarías? Por supuesto que sí. Lo mismo se aplica a las naciones. Al desarrollar amor por las naciones (y este es el deseo de Dios para todos nosotros como creyentes), lo menos que podemos hacer es participarles las buenas nuevas.

# Esperanza para las naciones

Y en su nombre pondrán las
naciones su esperanza.

MATEO 12.21

Esperanza. Qué producto básico más maravilloso y precioso. Cuando tenemos esperanza podemos enfrentar el presente y el futuro. Y cuando tenemos amor por el pueblo de Dios en todo el planeta, hasta en lugares en que nunca hemos estado, también deseamos brindarles esperanza. Sin embargo, ¿quién declarará las buenas nuevas? ¡Nosotras estamos llamadas a participar! El evangelio se extenderá a través de nuestro dar, de nuestro «ir», y de nuestro gran amor.

# Discipulado a las naciones

Por tanto, vayan y hagan discípulos de todas las naciones, bautizándolos en el nombre del Padre y del Hijo y del Espíritu Santo.

MATEO 28.19

Para discipular realmente a las personas debemos amarlas. En caso contrario no caminaremos mucho tiempo con ellas. Es un proceso diario que puede ser penoso. Jesús nos ordena ir a todas las naciones a hacer discípulos... no convertidos sino discípulos. El amor nos obliga a recorrer todo el camino brindando apoyo económico a misioneros, o haciendo nosotras mismas el compromiso de ir. Ora hoy por el rol que juegas en alcanzar las naciones.

## Toda rodilla se doblará

Está escrito: «Tan cierto como que yo vivo
—dice el Señor—, ante mí se doblará
toda rodilla y toda lengua confesará a Dios».

ROMANOS 14.11

¿Puedes imaginar cómo será el día en que toda rodilla se doble y toda lengua confiese que Jesucristo es el Señor? ¡Ah, qué gozo habrá! Que nuestro amor por Dios y por Su pueblo nos motive a alcanzar a los grupos de pueblos no alcanzados del mundo. ¡Cada jornada estamos un paso más cerca de ese glorioso día!

## Hambre de amor

**El hambre de amor es mucho más difícil de eliminar que el hambre de pan.**

MADRE TERESA

¿Te gusta esta cita de la Madre Teresa? Ella tiene razón. Individuos de todo el mundo ansían amor. Muchos ni siquiera se dan cuenta de que lo anhelan. Nosotras tenemos el amor que ellos necesitan. Al hablar de Cristo estamos transmitiendo el regalo más fabuloso de todos: el amor redentor de Dios. Y cuando extendemos una mano, con alimento, compañía, misericordia y oración, estamos añadiendo nuestro amor al de Jesús. Tenemos el poder para saciar el hambre espiritual del mundo.

# El amor como testigo

## Todo el mundo sabrá

Este mandamiento nuevo les doy: que se amen los unos a los otros. Así como yo los he amado, también ustedes deben amarse los unos a los otros. De este modo todos sabrán que son mis discípulos, si se aman los unos a los otros.

JUAN 13.34–35

La Biblia dice que las personas sabrán que somos hijos de Dios por nuestro amor. El amor en sí es nuestro más grande testigo. Es aun más importante que compartir el evangelio o exponer las cuatro leyes espirituales. Esas cosas son importantes, pero el amor sigue siendo la clave. Respaldamos nuestras palabras con nuestras acciones. Y cuando amamos verdaderamente a otros nuestras palabras son mucho más aceptables.

## Cántico al amor de Dios

**Oh SEÑOR, por siempre cantaré la grandeza de tu amor; por todas las generaciones proclamará mi boca tu fidelidad. Declararé que tu amor permanece firme para siempre, que has afirmado en el cielo tu fidelidad.**

SALMOS 89.1–2

Cuando estás llena del amor del Señor es difícil contener el cántico que surge en tu corazón. ¿Por qué detenerlo? ¡Déjalo fluir! La alabanza hace manejable hasta la situación más complicada. ¡Y qué gran testigo! Cuando otros te oyen tarareando, cuando ven tu pasión por la alabanza, se preguntarán qué tienes que a ellos les falta. Únete hoy al gran cántico de amor de todos los tiempos: ¡Alaba al Rey de reyes!

## Las maneras de amar

Siento realmente que existen tantas maneras de amar como personas en el mundo y como los días que hay en las vidas de esas personas.

MARY S. CALDERONE

Todos tenemos distintos lenguajes del amor, ¿verdad? Para algunos dar tiempo es lo más importante. Para otros es el don de dar. Hay quienes responden bien a acciones de servicio, y otros más a palabras de ánimo y elogio. Si estás tratando de testificar a una amiga o vecina, toma tiempo para aprender primero el lenguaje del amor de esa persona. Luego ámala como necesita ser amada.

## Dirigidas por el amor

Que el Señor los lleve a amar como Dios ama, y a perseverar como Cristo perseveró.

2 TESALONICENSES 3.5

Es interesante leer que en ocasiones Dios debe dirigir nuestros corazones a Su amor. Piensa en cómo conducir un auto. Es necesario mover el volante a la derecha o la izquierda. Así ocurre también con el amor. Si no aceptamos de buena gana los empujoncitos de Dios, nuestro amor por los demás se puede enfriar. Mantén fuerte tu testimonio al permitir que el Señor dirija tu corazón como crea conveniente.

## Aquel a quien amo

Este es mi siervo, a quien he escogido,
mi amado, en quien estoy muy complacido;
sobre él pondré mi Espíritu, y proclamará
justicia a las naciones.

MATEO 12.18

Es más fácil ser una buena testigo cuando comprendemos que Dios nos ha dado Su Espíritu. También ayuda saber que somos amadas, ya sea que nos equivoquemos o no. ¡Y sí lo hacemos! Nos proponemos compartir el amor de Dios con una amiga y en vez de eso terminamos peleando. ¡Puf! No obstante, Dios nos ama, y Su Espíritu nos da el valor para superar la situación, e intentarlo de nuevo.

*Dar por amor*

## Amor por aquellos en necesidad

**Si alguien que posee bienes materiales ve que su hermano está pasando necesidad, y no tiene compasión de él, ¿cómo se puede decir que el amor de Dios habita en él?**

**1 Juan 3.17**

Si amamos a Dios debemos preocuparnos por otros aunque esto signifique meter la mano a la cartera para hacerlo. Las posesiones materiales están destinadas a ser compartidas. Son una herramienta para ministrar a otros. Las personas ven nuestro amor cuando tenemos piedad de ellas en medio de sus necesidades. Y cuando damos quedan expuestos nuestros corazones. El amor se da en abundancia.

# Una ofrenda fragrante

Cristo nos amó y se entregó por nosotros como ofrenda y sacrificio fragante para Dios.

Efesios 5.2

Si alguna vez queremos averiguar cómo dar, lo único que debemos hacer es seguir el ejemplo de Dios. Él dio a Su Hijo unigénito para que pudiéramos tener vida. ¡Esta es una ofrenda de olor fragante! Dar es sacrificial, lo cual significa que no siempre es agradable. Debemos recordar que dar no se trata de nosotros sino de nuestro amor por Dios y Su pueblo. El amor es un gran motivador para dar.

## Da gracias

Así dice el SEÑOR: «Ustedes dicen que este lugar está en ruinas, sin gente ni animales. Sin embargo, en las ciudades de Judá y en las calles de Jerusalén, que están desoladas y sin gente ni animales, se oirá de nuevo el grito de gozo y alegría, el canto del novio y de la novia, y la voz de los que traen a la casa del SEÑOR ofrendas de acción de gracias y cantan: "Den gracias al SEÑOR Todopoderoso, porque el SEÑOR es bueno, porque su amor es eterno". Yo cambiaré la suerte de este país —afirma el SEÑOR—, y volverá a ser como al principio».

JEREMÍAS 33.10–11

Una de las maneras en que «damos» es dar gracias al Señor. Qué fácil es olvidar agradecerle por sus muchas bendiciones. Al ver el amor de Dios por nosotras, al darnos cuenta que Él nunca nos dejará ni nos abandonará, nos motivamos a agradecer. Y al levantar nuestras voces en alabanza, otros observan. También les estamos enseñando a ofrecer palabras de agradecimiento a Dios.

## Excelencia en dar

Ustedes, así como sobresalen en todo —en fe, en palabras, en conocimiento, en dedicación y en su amor hacia nosotros—, procuren también sobresalir en esta gracia de dar.

2 Corintios 8.7

Queremos sobresalir en todo lo que hacemos, y eso requiere un esfuerzo de nuestra parte. Así que nos esforzamos por adquirir excelentes habilidades paternas, una excelente ética laboral, excelentes destrezas financieras. Pero, ¿y dar? Si amamos a Dios y a los demás deberíamos esforzarnos por convertirnos en excelentes dadores. ¿Te quieres lucir hoy? Considera darte a los demás.

# No hay desperdicio

El amor y la amabilidad nunca se desperdician. Siempre marcan la diferencia. Bendicen a quien los recibe, y te bendicen a ti como dadora.

BARBARA DE ANGELIS

No damos para conseguir. Sin embargo, no se puede negar que el amor es recíproco. Tiene un efecto retroactivo. Nunca se desperdicia. Lo que va, vuelve. Aunque te hayas propuesto ser una bendecidora, al final terminarás bendecida. Y cuando llegas a dar profundamente, la bendición puede ser mayor que el sacrificio.

Amor y alabanza

## Amor inextinguible

**Las muchas aguas no podrán apagar el amor, ni lo ahogarán los ríos. Si diese el hombre todos los bienes de su casa por este amor, de cierto lo menospreciarían.**

CANTARES 8.7 RVR60

¿Has estado alguna vez tan sedienta que un vaso de agua no te satisfizo? Si es así, entonces puedes comprender cómo actúa el amor. Mientras más tengas, más quieres. Y el amor de Dios por nosotros es tan intenso que nada de lo que podamos hacer puede acabarlo. ¡Qué amor tan maravilloso! Alza la voz en alabanza por el amor que se te ha mostrado.

## Despierta para amar

Le cantaré a tu poder, y por la mañana alabaré tu amor; porque tú eres mi protector, mi refugio en momentos de angustia.

SALMOS 59.16

¡Ah, el amor de Dios! Es un regalo tan extraordinario que se derrama del trono del Señor. Comprender Su gran amor por nosotros es sobrecogedor. ¡Lo menos que podemos hacer es alabar! Nos descubrimos despertando en la mañana con cánticos de adoración en nuestros labios, agradeciendo al Creador por todo lo que ha hecho por nosotras. Qué maravillosa manera de empezar el día.

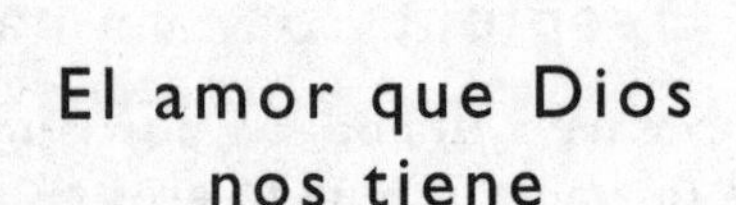

# El amor que Dios nos tiene

¡Grande es su amor por nosotros!
¡La fidelidad del SEÑOR es eterna!
¡Aleluya! ¡Alabado sea el SEÑOR!

SALMOS 117.2

Nunca podremos entender el amor que Dios nos tiene, pues extiende gracia cuando esta es lo que menos merecemos. Ofrece perdón cuando hemos cometido los más horribles pecados. Nos tiende la mano cuando somos arrogantes y soberbias, y viene a buscarnos cuando hemos caído en lo más bajo. ¿No te hace sentir feliz esa clase de amor? ¿No te hacer querer alabar al Señor a todo pulmón?

## Quiero inclinarme

Quiero inclinarme hacia tu santo templo y alabar tu nombre por tu gran amor y fidelidad. Porque has exaltado tu nombre y tu palabra por sobre todas las cosas.

Salmos 138.2

A veces entramos en la presencia de Dios y sentimos deseos de gritar de júbilo. En otras ocasiones Su amor nos lleva a arrodillarnos. Ah, qué humildes nos sentimos por lo que Él ha hecho por nosotras. Nos arrodillamos en Su presencia y alabamos Su nombre, no solo por Sus obsequios sino también por Su ofrenda continua de amor. ¡Nuestro Dios es digno de alabanza!

# Corazón poeta

La poesía se filtra por entre las grietas de un corazón quebrantado, pero fluye de uno que es amado.

CHRISTOPHER PAUL RUBERO

Cuando estamos desoladas y ofendidas nos ensimismamos. El dolor se filtra por las grietas como un melancólico canto fúnebre. Pero cuando estamos conscientes de las bondades de Dios para con nosotras (Su amor, Su gracia, Su misericordia) brota una clase diferente de cántico. ¡Nos embarga una melodía de alabanza!

# A regocijarse en el amor

## ¡Regocíjate en el amor de Dios!

Me alegro y me regocijo en tu amor,
porque tú has visto mi aflicción y
conoces las angustias de mi alma.

SALMOS 31.7

¿Eres una de esas personas a quienes les encanta alabar a Dios? ¿Disfrutas levantar el corazón y la voz para Él en glorioso canto por todo lo que ha hecho? Al Señor le gusta que sus hijos le ofrezcan un sacrificio de alabanza. ¿Y por qué no? Su amor nos motiva a exaltarlo. Cuando pensamos en esto, cuando lo comprendemos totalmente, ¿cómo podemos hacer algo menos que alabar?

# Agradecer al Señor

Después de consultar con el pueblo, Josafat designó a los que irían al frente del ejército para cantar al Señor y alabar el esplendor de su santidad con el cántico: «Den gracias al Señor; su gran amor perdura para siempre».

2 Crónicas 20.21

¿Te gusta el alba? Está llena de promesa. Nuevo día. Nuevo amanecer. Nueva oportunidad de experimentar el impresionante amor de Dios. Él se complace cuando decidimos agradecerle temprano en la mañana. Su amor eterno nunca duerme, por lo que nos saluda y es nuevo cada mañana. Alaba al Señor por ese amor constante, aun antes de que abras los ojos.

## Cánticos de alegría

Que se alegren todos los que en ti buscan refugio; ¡que canten siempre jubilosos! Extiende tu protección, y que en ti se regocijen todos los que aman tu nombre.

SALMOS 5.11

Hay muchas cosas en qué regocijarse cuando estás enamorada del Creador del cielo y de la tierra, ¡y el regocijo cambia tu perspectiva de todo! Recuerda esa cancioncita que solías cantar de niña: «Yo tengo gozo, gozo, gozo, gozo en el corazón». Es verdad. El amor da inicio al gozo. Y cuando esa alegría se desborda, ¡cuidado! ¡Es contagiosa!

## Los que aman la salvación

Que todos los que te buscan se alegren en ti y se regocijen; que los que aman tu salvación digan siempre: «¡Cuán grande es el SEÑOR!»

SALMOS 40.16

¿Cómo te sientes al pensar en lo que Jesús hizo por ti en la cruz? ¿Consternada? ¿Agradecida? ¿Llena de gozo? El regalo gratis de la salvación nos proporciona la única razón que podríamos necesitar alguna vez para alzar nuestras voces en alabanza a Dios. Él derramó allí en el Calvario Su amor por la humanidad. Y ahora tenemos el glorioso privilegio de derramar nuestra alabanza en respuesta.

## El dedo de Dios

No existe sorpresa más fantástica que la de ser amados. Es el dedo de Dios en el hombro del ser humano.

CHARLES MORGAN

¿Has tenido alguna vez una fiesta sorpresa de cumpleaños? Quizás los invitados te agarraron desprevenida con la sorpresiva celebración. Así es el amor de Dios. Cuando menos lo sospechamos… ¡sorpresa! Él vierte Su amor en nosotras. Cuando sentimos como si no fuéramos dignas de ser amadas… ¡sorpresa! Otra vez Él, amándonos incondicionalmente. ¡Qué motivo para alabar!

# Amar en tiempos difíciles

## Conocer a Dios

El que no ama no conoce a Dios,
porque Dios es amor.

I Juan 4.8

Amar no siempre es fácil, ¿verdad? A veces es difícil extender amor, particularmente cuando de alguna manera han herido nuestros sentimientos. La Biblia clarifica que Dios es amor. En realidad lo personifica. Y si negamos nuestro amor a otros, aunque creamos que esto es justo, quebrantamos el corazón de Dios. Si aseguramos conocer al Señor, no tenemos más alternativa que amarlo.

## El paseo

El amor no hace que el mundo gire;
el amor es lo que hace valioso al paseo.

FRANKLIN P. JONES

Probablemente has oído la antigua expresión: «El amor hace girar al mundo». Sinceramente, Dios hace que el mundo gire, ¡pero después de todo Él es amor! Su amor es la fuerza impulsora en nuestras vidas, y sin duda nos anima a seguir adelante, aunque no deseemos amar a otros. La próxima vez que no creas poder seguir el viaje, recuerda que el amor de Dios es bastante fuerte para cubrir todos los lugares de incertidumbre.

## La visión del amor

El amor no es ciego; ve más, no menos.
Pero ya que ve más, está
dispuesto a ver menos.

JULINS GORDON

Cuando caminamos en el amor de Dios tenemos poder para ver… y para pasar por alto. ¿Pasar por alto qué, podrías preguntar? Defectos de otros. Equivocaciones ajenas. Comentarios imprudentes que hacen de nosotras. Cuando amamos verdaderamente a alguien podemos ver pasar por alto los deslices y brindar perdón. Eso es lo que significa tener la visión divina.

## Sustentadas por amor

No bien decía: «Mis pies resbalan», cuando ya tu amor, SEÑOR, venía en mi ayuda. Cuando en mí la angustia iba en aumento, tu consuelo llenaba mi alma de alegría.

SALMOS 94.18–19

¿Has sentido alguna vez como si estuvieras cometiendo una falta al estar con alguien insoportable? ¿Podrías decir algo equivocado, o enojarte con la otra persona? En realidad algunos individuos son más difíciles de amar que otros, pero el sello de amor de Dios protege contra la situación resbaladiza del enojo. La próxima vez que te sientas así pide al Señor Su punto de vista. ¡Él puede rellenar tu tanque en un instante!

## Debido al gran amor del Señor

Dios, que es rico en misericordia, por su gran amor por nosotros, nos dio vida con Cristo, aun cuando estábamos muertos en pecados. ¡Por gracia ustedes han sido salvados!

EFESIOS 2.4–5

En ocasiones sencillamente no nos sentimos amorosas. No solo negamos amor sino que castigamos a otros al no perdonarlos por lo que nos han hecho. Esto produce una ruptura en nuestras relaciones, y no es bueno para nosotras. El amor actúa como un parachoques. Dios nos extendió misericordia. ¿Por qué? Por Su gran amor. Debemos amar aun en tiempos difíciles para que la misericordia y la gracia puedan fluir.

# *La búsqueda de amor*

## Justicia y amor

El que va tras la justicia y el amor halla vida, prosperidad y honra.

PROVERBIOS 21.21

A veces el amor llega fácilmente, y en otras ocasiones debemos buscarlo. Ir tras Él. Alcanzarlo. Cuando de todo corazón buscamos al Señor, Él nos da la capacidad de amar hasta a las personas más difíciles. Después de todo, esa es la clase de compasión que Él nos mostró. Nos buscó todo el camino hasta llegar a la cruz. ¡Qué búsqueda de amor!

## Sigue constante tras el Señor

¡Hazme del todo tuya! ¡Date prisa!
¡Llévame, oh rey, a tu alcoba!

CANTARES 1.4

¿Has oído alguna vez la expresión «Sigue de cerca a Dios»? Seguirlo con pasión significa que no puedes vivir sin Él. Esta clase de amor apasionado entre Dios y Su pueblo ha sido continuo desde el principio del tiempo. Él desea que corras a Sus brazos para que Su amor traiga sanidad a tu vida. ¡Corre hoy a Sus aposentos! Allí el Señor te espera con los brazos abiertos.

## Búsqueda y hallazgo

A los que me aman, les correspondo;
a los que me buscan, me doy a conocer.

PROVERBIOS 8.17

¿No es maravilloso saber que nuestro amor por Dios es siempre recíproco? Nosotras expresamos amor; Él lo devuelve... y mucho más. No pasa así con los humanos. ¡Pero el Señor tiene la capacidad de devolver nuestro amor con intereses! No podemos dar más que Dios, por mucho que lo intentemos. Si andas en busca de amor, vuélvete a Aquel que lo conoce mejor... y lo expresa más.

## Amor rebosante

Que el Señor los haga crecer para que se amen más y más unos a otros, y a todos, tal como nosotros los amamos a ustedes.

1 Tesalonicenses 3.12

Llenar demasiado un vaso puede ser problemático; llenar demasiado tu tanque de amor no lo es. Dios quiere que estemos rebosantes de amor... por Él, por nuestros compañeros creyentes, y hasta por quienes nos molestan. Si pides, el Señor aumentará tu amor por otros. Al poco tiempo estarás derramándolo sobre todos: aquellos que son tus íntimos y aquellos que te fastidian un poco.

## Cuida el fuego del amor

El amor es como una fogata: Se puede encender rápidamente, y al principio las astillas emiten mucho calor, pero se queman a toda prisa. Para disfrutar una calidez duradera y firme (con alegres estallidos de calor intenso de vez en cuando), tienes que cuidar esmeradamente el fuego.

MOLLEEN MATSUMURA

Parte de la búsqueda del amor es avivar las brasas. No podemos dejar que el amor se estanque. Mantenerlo encendido requiere esfuerzo de nuestra parte. Piensa en las muchas relaciones en tu vida actual. Tu relación con el Señor. Tu amor por familiares, amigos y compañeros de trabajo. ¿Necesita ser avivada alguna de esas relaciones? De ser así, ¡ponte las pilas! ¡No dejes apagar ese amor!

## El amor ilumina el camino

### El camino más excelente

Ustedes, por su parte, ambicionen los mejores dones. Ahora les voy a mostrar un camino más excelente. Si hablo en lenguas humanas y angelicales, pero no tengo amor, no soy más que un metal que resuena o un platillo que hace ruido.

1 Corintios 12.31–13.1

Si en medio de la oscuridad nunca has transitado por un sendero pedregoso sin tener una linterna, tienes una pequeña muestra de cómo sería transitar por la vida sin amor. Tal vez irías del punto A al B, ¡pero qué viaje tan peligroso! En el pasaje bíblico, Dios nos muestra la manera más excelente de hacer el viaje. ¡Deja que el amor ilumine el camino!

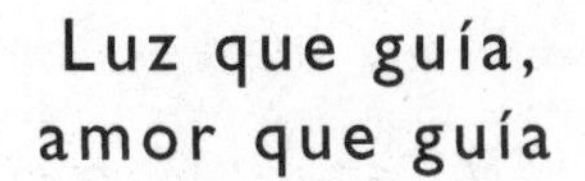

# Luz que guía, amor que guía

El amor no es consolación. Es luz.

FRIEDRICH NIETZSCHE

¿Te gusta la historia de los sabios que siguieron la estrella para localizar al bebé Jesús? La luz los guió. El amor es muy parecido a eso. Cuando arde alegremente, y así es como Dios pretendió que fuera, nuestra visión es mucho más clara. Podemos ver por dónde vamos. El amor ilumina nuestro camino y nos guía hacia nuestro destino.

## La luz del amor

El amor debe ser tanto una luz como una llama.

HENRY DAVID THOREAU

El amor produce calidez y bienestar; es como una cálida y agradable frazada en un día frío. Pero el amor es tanto una luz como una llama. No solo busca hacernos sentir bien. Enciende nuestro ser interior y nos motiva a ser mejores; a interesarnos más; a compartir más. El amor señala el camino en toda relación, buena y mala.

## Fe, esperanza y amor

El amor jamás se extingue. ... Ahora, pues, permanecen estas tres virtudes: la fe, la esperanza y el amor. Pero la más excelente de ellas es el amor.

1 Corintios 13.8, 13

Aunque todo lo demás se desvanezca hasta la nada, el amor permanecerá. Cavila en eso por un momento. Cuando este planeta como lo conocemos ya no exista, el amor de Dios por nosotros permanecerá. Todos nuestros talentos, posesiones y habilidades desaparecerán, pero la manera en que tratamos a otros (el amor que les mostramos) persistirá en sus recuerdos. Ama a las personas de tal modo que siempre te recuerden mucho después de que te hayas ido.

## Para nada un desperdicio

Amar nunca es un desperdicio de tiempo.

ASTRID ALAUDA

Perdemos mucho tiempo haciendo cosas que son frívolas. Videojuegos, televisión, navegar en Internet, pelear con seres queridos... todas estas son maneras en que derrochamos el tiempo. Menos mal que amar a otros nunca es perder el tiempo. ¡Y qué gran reflejo de Dios! Iluminamos el sendero para nuestros hijos, amigos y otros seres queridos cuando pasamos nuestros días amándolos.

# *La deuda del amor*

## La deuda de amar

No tengan deudas pendientes con nadie,
a no ser la de amarse unos a otros. De hecho,
quien ama al prójimo ha cumplido la ley.

ROMANOS 13.8

Si alguna vez pediste un préstamo para una casa o un auto conoces las angustias de deber a alguien más. No es una agradable sensación, ¿verdad? Sin embargo, hay una deuda que no es difícil contraer. Es la deuda del amor. Las iras y las contiendas pueden destruir relaciones, pero cuando la deuda de amor está pagada, los corazones sanan y el dolor desaparece. ¡Que tu única deuda sea la del amor!

# Solo suficiente... para amar

Tenemos suficiente religión para hacer
que nos odiemos, pero no la suficiente para
hacer que nos amemos unos a otros.

Jonathan Swift

A través de la historia, la iglesia ha batallado con el asunto del amor. Los creyentes desean que los incrédulos se alineen y caminen derecho; que obedezcan los mandamientos: que sigan la letra de la ley. No obstante, a veces olvidamos que extender amor es la única manera de ganar personas para el Señor. Ojalá estuviéramos siempre agradecidas con el amor, porque este tiene la capacidad de cambiar corazones y vidas.

# Apacienta los corderos del Señor

Cuando hubieron comido, Jesús dijo a Simón Pedro: Simón, hijo de Jonás, ¿me amas más que estos? Le respondió: Sí, Señor; tú sabes que te amo. Él le dijo: Apacienta mis corderos.

JUAN 21.15 RVR60

Qué pregunta más trascendental hizo Jesús a Pedro, Su amado discípulo. «Pedro, ¿me amas más que estos?» ¿Cómo contestarías esa pregunta? Seguramente gritarías, como lo hizo Pedro. «¡Sí, Señor! Tú sabes que te amo». Sin embargo, la respuesta de Jesús para sus seguidores siempre será igual: «Si me amas, cuida a mis hijos». Tenemos la deuda eterna de amar a otros en el cuerpo de Cristo.

# Felicidad

Amar es poner nuestra felicidad en la felicidad de otro.

G. W. Von Leibnitz

Todos queremos ser felices. Es más, la mayoría de nosotros sentimos que se nos «debe» felicidad. Sin embargo, el verdadero amor busca la felicidad de la otra persona. En alguna manera estamos endeudados con el bienestar de la otra persona. Así es como Dios procede. Debemos amar a otros como nos amamos a nosotros mismos. Esto no siempre es fácil, pero extender esta clase de amor produce grandes beneficios, porque lo que sale, vuelve. Busca felicidad para otros y tú también la recibirás.

## Una proclamación amorosa

Hermanos, sepan que por medio de Jesús se les anuncia a ustedes el perdón de los pecados.

HECHOS 13.38

Dios ofrece perdón de pecados por medio de Jesús. Piensa en esto por un instante. Él se ha endeudado con la humanidad a través de la obra de Jesús en la cruz. ¡Pagó la deuda por nuestro pecado! Al hacer eso, el Señor hizo un pacto con nosotros: «Amen a mi Hijo. Acepten su regalo gratis de salvación. A cambio les ofreceré perdón de pecados y vida eterna». ¡Qué regalo! ¡Qué deuda de amor pagó!

# Amor de vida

## He venido para que tengan vida

El ladrón no viene más que a robar, matar y destruir; yo he venido para que tengan vida, y la tengan en abundancia.

Juan 10.10

¿Acaso no amas la vida? Está llena de alegrías inesperadas e inmerecidas. Claro que no todos los días son fáciles, pero hoy estamos vivitas y coleando, y tenemos esperanza para el futuro. El amor de Dios por nosotras es tan profundo que vino a la tierra para que pudiéramos tener vida... y no tan solo cualquier vida. Él desea que tengamos vida en abundancia. Esa es una vida «más de la que podríamos pedir o imaginar».

## Renovadas por amor

Amo a la gente. Amo a mi familia, a mis hijos; sin embargo, mi ser interior es un lugar donde vivo totalmente sola, y es donde se renuevan los manantiales que jamás se secan.

PEARL S. BUCK

¿A dónde vas para ser renovada? ¿Para llenar tu tanque de amor? A veces tenemos que escapar del caos, incluso del caos bueno, para encontrar un lugar de quietud y reposar dentro de nosotras mismas. Tenemos que buscar a Dios en los lugares secretos para poder ser renovadas por Su amor. De otra manera no habrá mucho en nuestro interior para poder dar.

## ¡Ama la vida!

El que quiera amar la vida y gozar de días felices, que refrene su lengua de hablar el mal y sus labios de proferir engaños.

Salmos 34.12–13

¡Qué bendecidas somos al estar viviendo en el siglo veintiuno! Tenemos mucho a nuestra disposición y muchas cosas en qué deleitarse. Si quieres seguir disfrutando la vida en los años venideros, entonces pasa tu tiempo amando a los demás. Vigila lo que dices y trata a los demás como quisieras que te trataran. Sé honesta en todo lo que hagas. Tu pasión por la vida aumentará a medida que expreses palabras de amor a otros.

# Una vida de dedicación

**La manera de dar sentido a la vida es dedicarte a amar a otros, dedicarte a la comunidad que te rodea, y dedicarte a crear algo que te brinde propósito y significado.**

MITCH ALBOM

Si estás perdiendo tu entusiasmo o sintiéndote deprimida, existe una manera infalible de añadir emoción a tu vida. Ama a otros. Dedícate a ellos. Sal de tu «burbuja» y enfócate en quienes te rodean en tu comunidad o iglesia. Amar a otros te ayudará a definir tu propósito y a reavivar tu pasión por la vida.

## Coronadas con amor

Alaba, alma mía, al SEÑOR, y no olvides ninguno de sus beneficios. Él perdona todos tus pecados y sana todas tus dolencias; él rescata tu vida del sepulcro y te cubre de amor y compasión.

SALMOS 103.2–4

En esta vida damos por sentadas muchas cosas: nuestra salud, la provisión de Dios, nuestro pan de cada día, el amor de familiares y amigos, y mucho más. Ah, que nunca olvidemos alabar a nuestro amoroso Dios, quien nos colma de favores, perdona nuestros pecados, nos rescata del foso, y nos coloca una reluciente corona de amor y compasión, llamándonos Sus hijos e hijas.

# Amor siempre abundante

## ¡Que abunde más y más!

Esto es lo que pido en oración: que el amor de ustedes abunde cada vez más en conocimiento y en buen juicio, para que disciernan lo que es mejor, y sean puros e irreprochables para el día de Cristo, llenos del fruto de justicia que se produce por medio de Jesucristo, para gloria y alabanza de Dios.

Filipenses 1.9–11

¿Has visto alguna vez una bola de nieve rodando por una colina? ¡Crece a medida que aumenta la velocidad! Pronto es enorme y poderosa. Así es el amor. Mientras más amor brindamos, más obtenemos. Mientras más tiempo amemos, más capacidad tenemos de amar. Si estás esperando recibir más, prueba dando lo que tienes. Entonces alístate para el efecto bola de nieve.

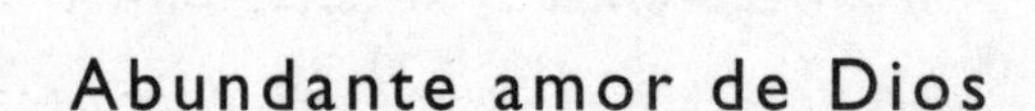

## Abundante amor de Dios

Entonces pasó el Señor por delante de él y proclamó: El Señor, el Señor, Dios compasivo y clemente, lento para la ira y abundante en misericordia y fidelidad.

Éxodo 34.6 LBLA

¿Te has preguntado alguna vez qué significa abundar en algo? Reemplaza la palabra *abundante* con *riqueza*. Dios es rico en amor y fidelidad, y tiene más que suficiente para compartir con Sus hijos. ¡Qué herencia! Además quiere hacernos partícipes de Su amor. Cuando aceptamos a Jesús y caminamos en relación con Él nos enriquecemos con Su amor. Asegúrate hoy de compartir esa riqueza.

# Reposemos en el abundante amor del Señor

Vengan a mí todos ustedes que están cansados y agobiados, y yo les daré descanso. Carguen con mi yugo y aprendan de mí, pues yo soy apacible y humilde de corazón, y encontrarán descanso para su alma. Porque mi yugo es suave y mi carga es liviana.

MATEO 11.28–31

Si estás cansada y agobiada de la vida, no renuncies a la esperanza. Dios tiene un lugar de descanso para aquellos que están en relación con Él. El Señor nos atrae con Su amor, abriendo por completo los brazos e invitándonos a ir hacia Él. Allí podremos sentir los latidos de Su corazón. Obtener Su perspectiva. Escuchar Sus palabras de amor, que nos dan fuerzas para las tareas venideras. Vengan, todas las que lleven cargas pesadas. Descansen.

# Amor: algo vivo

El amor no muere fácilmente. Es algo vivo.
Prospera frente a todos los peligros de la vida,
menos uno: la negligencia.

JAMES D. BRYDEN

El amor es algo vivo, algo que respira. Nuestro amor por Dios y por otros es fuerte. Puede sobrevivir muchos ataques. Sin embargo, algo a lo que no puede sobrevivir es a la negligencia. Debemos atender el amor. Cuidarlo. Nutrirlo. Si seguimos el ejemplo de Dios, nuestro amor seguirá abundando, aunque estemos pasando un día «malo». No dejes que esos días difíciles te impidan alimentar el amor.

## Amor que rebota

**Tú, Señor, eres Dios clemente y compasivo, lento para la ira, y grande en amor y verdad.**

SALMOS 86.15

Es interesante ver que el amor de Dios es abundante y rebotador. Se la pasa yendo de aquí para allá hasta volverse a topar con nosotras, aun después de que hayamos fallado. Esto se debe a la compasiva naturaleza del Señor. Del mismo modo, se espera que «rebotemos», aun después de que nuestro amor por la gente haya sido desafiado. No te alejes por mucho tiempo. Regresa a casa para amar.

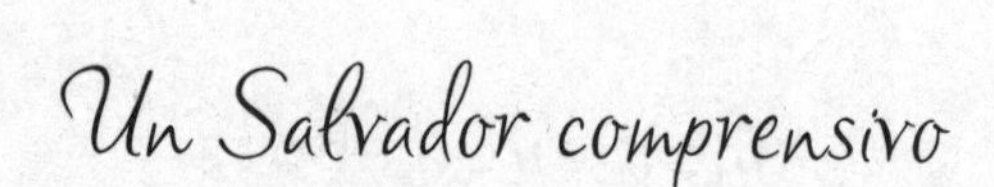


Todavía estaba hablando Jesús cuando
se apareció una turba, y al frente iba
uno de los doce, el que se llamaba Judas.
Este se acercó a Jesús para besarlo.

LUCAS 22.47

¿Te ha traicionado alguna vez alguien en quien creías poder confiar? Jesús se puede identificar contigo; imagina cómo se debió sentir al ver que uno de los discípulos amados lo vendía por treinta monedas de plata. Quizás te sientas como si alguna amistad o un ser querido te hubieran vendido. Sigue el ejemplo de Jesús, quien aun frente a la traición decidió perdonar.

# La última traición

A la verdad, como éramos incapaces de salvarnos, en el tiempo señalado Cristo murió por los malvados.

Romanos 5.6

A pesar de la traición de la humanidad en el jardín del Edén, Dios decidió amarnos enviando a Su Hijo como sacrificio por nuestros pecados. Incluso ahora, quienes seguimos a Jesús caemos y lo traicionamos con nuestras acciones, nuestros pensamientos y nuestras intenciones. ¡Cómo debe destrozar esto el corazón del Señor! No obstante, Él sigue brindando amor a pesar de Su sufrimiento. Qué maravilloso ejemplo para seguir.

# Cobertura de ofensas

El odio es motivo de disensiones,
pero el amor cubre todas las faltas.

PROVERBIOS 10.12

Una vez que te han traicionado es difícil volver a confiar, ¿no es así? Sin duda. Es necesario restablecer y reconstruir la confianza con el tiempo. Y nuestras heridas necesitan tiempo para sanar. Pero aunque es difícil confiar, tenemos que seguir amando a la persona que nos traicionó. ¿Por qué? Porque el amor y la confianza son dos cosas separadas. La confianza se debe ganar. El amor no. Este cubre ofensas y derriba muros.

## Todos han pecado

**Todos han pecado y están privados de la gloria de Dios.**

Romanos 3.23

Una de las razones por la que es importante para nosotras seguir amando a quienes nos han herido es que no sabemos cuándo nos llegará el turno de necesitar perdón. Así es, nos proponemos hacer lo correcto, pero aun aquellos con las mejores intenciones resbalan y hieren a otros. Extiende amor y perdón a cada instante. ¡Nunca sabes cuándo será tu turno de recibir!

# Ablandador del amor

El amor nunca se pierde. Si no es correspondido, retorna, ablanda y purifica el corazón.

WASHINGTON IRVING

A veces amamos a alguien hasta el punto del dolor, pero en respuesta no recibimos amor. ¿Qué tiene que decir el Señor al respecto? ¿Deberíamos dejar de intentar? ¿Dejar de amar? ¡Nunca! Aunque no veamos los resultados deseados, amar siempre es la mejor opción. Porque aunque el amor no sea correspondido por el individuo, siempre regresará a nosotros de una manera u otra. El amor nunca falla. La gente no siempre retribuye nuestras acciones, no así el amor.

## *Perdonar, la clave del amor*

### Ama profundamente

**Sobre todo, ámense los unos a los otros profundamente, porque el amor cubre multitud de pecados.**

**1 Pedro 4.8**

Es naturaleza humana retener el perdón para enseñar una lección a la otra persona, pero no es así como actúa Dios. Él no quiere que esperemos mucho tiempo para perdonar. Desea que seamos honestos unos con otros cuando estamos enojados. A fin de cuentas, todos pecamos e incumplimos. Debemos estar dispuestos a llegar hasta el final y hacer lo necesario por mejorar la situación. ¿Cómo logramos esto? Amando profundamente.

## En busca del amor

El que perdona la ofensa cultiva el amor;
el que insiste en la ofensa divide a los amigos.

PROVERBIOS 17.9

No escogemos a los miembros de nuestra familia, pero podemos seleccionar nuestras amistades. Cuando lo hacemos estamos forjando un pacto de amor con ellos. En esencia decimos: «Estaremos en esto por un largo recorrido. Perdonaremos rápidamente, amaremos profundamente, y mantendremos nuestras conversaciones en privado». Los buenos amigos van tras el amor, aunque los tiempos se pongan difíciles. *Especialmente* cuando los tiempos se ponen difíciles.

# El amor cubre todos los errores

Por esto te digo: si ella ha amado mucho, es que sus muchos pecados le han sido perdonados. Pero a quien poco se le perdona, poco ama.

LUCAS 7.47

Si alguna vez te han perdonado por algo que considerabas realmente de extrema gravedad, ¡entonces conoces el significado de ser agradecida! El amor cubre todas las equivocaciones. También perdona a gran escala. Para extender esta clase de perdón tienes que amar de verdad a la otra persona, tanto en palabras como en hechos. Ama en grande. Perdona en grande.

# Amor floreciente

El que perdona la ofensa cultiva el amor;
el que insiste en la ofensa divide a los amigos.

PROVERBIOS 17.9

Cuando perdonamos a alguien que nos ha ofendido estamos brindando prueba de nuestro amor. No, perdonar no siempre significa reconciliación. En ocasiones debemos separarnos por un tiempo. Perdonar no implica una continua relación íntima. A menudo Dios llama a amigos y seres queridos a tomarse un período de descanso unos de otros. Pero el amor y el perdón son lo adecuado, hasta en las situaciones más complicadas.

# Amor milagroso

Donde el amor es grande
siempre hay milagros.

WILLA CATHER

¿Crees en milagros? ¿Los has presenciado personalmente? Dios quiere que veamos lo milagroso en forma regular. Un área en que presenciamos la obra sobrenatural es en nuestras relaciones con los demás. El perdón basado en el amor es verdaderamente milagroso; le expresa a la otra persona: «Sé que me lastimaste mucho, pero tomo la decisión de perdonar porque te amo». ¡Qué regalo más maravilloso!

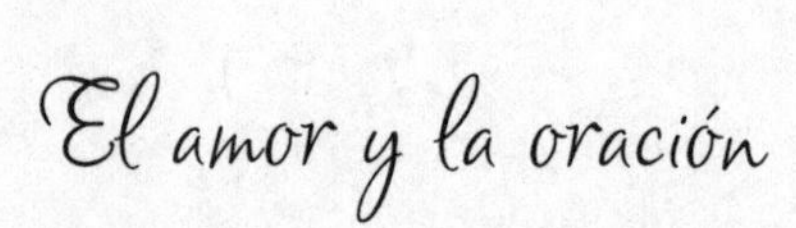


## Un canto de amor

**Esta es la oración al Dios de mi vida:**
**que de día el SEÑOR mande su amor,**
**y de noche su canto me acompañe.**

**SALMOS 42.8**

Las oraciones nocturnas son muy preciosas. Nuestras últimas palabras al Señor antes de asentar la cabeza en la almohada estimulan nuestros corazones a alabarle durante la noche. Y qué maravilloso regalo de oración es. Qué extraordinario privilegio. ¡Nos comunicamos con el Creador de todo! Hablamos de nuestras heridas, nuestros sufrimientos, nuestras alegrías y nuestras inquietudes. Entonces el Señor responde hablándonos, susurrando palabras de amor y dirección.

# A extender amor y oración

Yo les digo: Amen a sus enemigos y oren por quienes los persiguen.

MATEO 5.44

Por lo general nos gusta orar por otros mientras estemos en buena relación con ellos. ¡Pero qué difícil todo este asunto de «orar por los enemigos»! No queremos pedirle a Dios que los bendiga. Si somos sinceras, ¡generalmente esperamos lo contrario! No obstante, el Señor nos ordena amar a nuestros enemigos y orar por ellos. Por tanto, ¿quién está hoy en tu lista de «enemigos»? ¡Manos a la obra!

# Amor no negado

¡Bendito sea Dios, que no rechazó mi plegaria ni me negó su amor!

SALMOS 66.20

En ocasiones nos da miedo orar porque estamos indignadas con el Señor o con otras personas. Tememos que si somos sinceras con Dios en nuestras oraciones, Él podría rechazarnos. ¡No es así! El Señor no deja de amarnos, aunque estemos enojadas con Él; es un Dios grandioso. Puede soportarlo. Así que libérate. Confiesa tu angustia. Luego observa cómo ese asombroso Dios vuelve a componer todo, con Su asombroso amor dirigiendo el camino.

# Oración y vida

No es bueno para un hombre que en oración esté pidiendo crema y que viva como leche desnatada.

HENRY WARD BEECHER

Durante nuestro tiempo de oración a menudo le pedimos a Dios que nos bendiga. No hay nada malo en eso. Contamos con Su amor y Sus bendiciones, pero a veces no queremos extender eso mismo a otros. Si hemos de pedir esas cosas, entonces debemos estar dispuestas a brindárselas a las personas que el Señor pone en nuestras vidas… ¡aun a aquellas que son más difíciles de amar!

## Una confesión de amor

Esta fue la oración y confesión que le hice: «Señor, Dios grande y terrible, que cumples tu pacto de fidelidad con los que te aman y obedecen tus mandamientos».

DANIEL 9.4

La oración es un regalo maravilloso. Hablamos con el Rey de reyes y Señor de señores, ¡y Él contesta! Nuestro tiempo de oración también es un estupendo momento para agradecer a Dios por Su gran amor hacia nosotros. ¿Por qué no pasar un poco de tiempo alabándolo hoy? Sube a Sus rodillas e inclina la cabeza contra Su pecho. Confiésale tu amor a tu Papito, Dios.

# En el amor no hay temor

## En el amor no hay temor

**El amor perfecto echa fuera el temor. El que teme espera el castigo, así que no ha sido perfeccionado en el amor.**

**1 Juan 4.18**

Ah, qué alegría saber que el amor vence el temor. Piensa en eso por un momento. Cuando el miedo te atrapa el corazón, diciéndote que vas a fracasar en algo, el amor de Dios echa fuera ese temor. El amor envía un mensaje tranquilizador en el que puedes descansar. La próxima vez que entre el temor, recuerda que este no viene de Dios. Él extiende amor perfecto, la única fuerza con suficiente poder para vencer el temor.

## Calmadas por el amor

El SEÑOR tu Dios está en medio de ti
como guerrero victorioso. Se deleitará
en ti con gozo, te renovará con su amor,
se alegrará por ti con cantos.

SOFONÍAS 3.17

Si eres madre sabes qué es acunar un bebé en tus brazos, calmándolo para que pueda dormirse. Tus palabras de amor, dulcemente entonadas, pueden aquietar hasta al berrido más fuerte. Lo mismo ocurre cuando subimos a los brazos de Dios. Él nos tranquiliza con Su amor, calma nuestros temores, y enjuga nuestras lágrimas. Nos quedamos dormidas con Sus suaves palabras de amor susurrando por sobre nosotras.

# El amor vence la cobardía

No nos ha dado Dios espíritu de cobardía,
sino de poder, de amor y de dominio propio.

2 Timoteo 1.7 RVR60

A veces nos da miedo contar nuestro testimonio a otros o hablar de nuestra fe. Somos tímidas. Vacilamos. Qué fantástico saber que Dios nos da un espíritu de poder, amor y dominio propio. Con estos tres elementos firmemente en su lugar podemos abrirnos y compartir las buenas nuevas del amor de Dios.

## Amor incondicional

Cuando te llamé, me respondiste;
me infundiste ánimo y renovaste mis fuerzas.

SALMOS 138.3

El amor no se encoge de miedo. Mantiene en alto la cabeza y sonríe frente a un desafío. El amor grita: «¡Sé valiente! ¡Sé fuerte!» Si estás enfrentando una situación terrible, clama a Dios. Él te contestará y te dará el valor que necesitas para superar cualquier circunstancia que estés viviendo.

## Refrescadas por el amor

**El amor es el más grande refrigerio en la vida.**

Pablo Picasso

¿Has echado mano alguna vez de un vaso de limonada en un día caluroso? Sabe muy bien, ¿no es cierto? ¡Qué agradable! Así es el amor. Cuando tus amigos y seres queridos están sedientos no suspiran por un sermón. Al contrario, anhelan un gran vaso de amor. ¡Ah, qué dulce refresco! Sirve hoy un vaso.

# Obediencia

## Lo que exige Dios

Ahora, Israel, ¿qué te pide el SEÑOR tu Dios? Simplemente que le temas y andes en todos sus caminos, que lo ames y le sirvas con todo tu corazón y con toda tu alma.

DEUTERONOMIO 10.12

Es fascinante pensar que Dios «exige» que lo amemos. Más interesante aun es que la Biblia enumere esto junto con andar en los caminos del Señor, temerle y servirle. Estas cosas actúan bien juntas, y tanto más cuando el amor está metido en el medio. Primero tememos (respetamos) a Dios; luego mostramos nuestro amor obedeciéndole; todo esto conduce a una vida de servicio.

## Obedece la Palabra

Le contestó Jesús: «El que me ama, obedecerá mi palabra, y mi Padre lo amará, y haremos nuestra vivienda en él. El que no me ama, no obedece mis palabras. Pero estas palabras que ustedes oyen no son mías sino del Padre, que me envió».

JUAN 14.23–24

El amor y la obediencia siempre han caminado de la mano. Si amamos a Dios, le obedeceremos. Desde luego, nuestra carne no siempre querrá hacerlo, pero tendremos el mejor resultado si nos apegamos a las enseñanzas bíblicas y seguimos los preceptos divinos con lo mejor de nuestra capacidad. Amor equivale a obediencia.

# Dios cumple Su pacto

Reconoce, por tanto, que el SEÑOR
tu Dios es el Dios verdadero, el Dios fiel,
que cumple su pacto generación tras generación,
y muestra su fiel amor a quienes lo aman
y obedecen sus mandamientos.

DEUTERONOMIO 7.9

Un pacto es un acuerdo entre dos partes. Claro está, firmamos en la línea punteada, o estrechamos las manos, pero no siempre cumplimos. No pasa así con Dios. Él siempre cumple Su acuerdo, aunque nosotros fallemos. Además, el Señor sigue prodigándonos Su inagotable amor cuando le correspondemos y obedecemos Sus mandamientos.

## Disciplinadas por amor

El Señor disciplina a los que ama,
como corrige un padre a su hijo querido.

Proverbios 3.12

Cuando disciplinamos a nuestros hijos lo hacemos porque los amamos y queremos lo mejor para ellos. Los estamos entrenando para que sean adultos responsables. Eso mismo hace Dios. Nos disciplina por amor, ya que quiere lo mejor para nosotros. Cuando emprendemos el camino por nuestra cuenta, alejadas de los principios y las bendiciones del Señor, a Él no le queda otra alternativa que volvernos a encarrilar. El amor siempre disciplina.

# Conformadas por amor

Somos conformados y moldeados
por lo que amamos.

JOHANN WOLFGANG VON GOETHE

Es probable que hayas oído la antigua expresión «Eres lo que comes». En realidad sí nos «convertimos» en lo que amamos, ¿verdad? Por eso es tan importante amar al Señor nuestro Dios de todo corazón. Queremos llegar a ser más como Él. Al amarlo nos moldean Sus palabras, Su amor y Su compasión por la humanidad.

# Amor duro

## Amor difícil

El amor no se deleita en la maldad sino que se regocija con la verdad.

I Corintios 13.6

Es muy difícil ver a alguien a quien amas atrapado en un estilo de vida pecaminoso; por ejemplo, tu adolescente está en drogas o tu cónyuge recurre al alcohol. Por primera vez tu amor hacia esa persona cambia levemente. Se endurece. Se llena de valor. Expresa: «Hasta aquí, no más». Hace responsable a la otra persona por sus actos. Amor duro. Dios lo aprueba. Tú también lo harás, una vez que hayas visto los resultados.

# Amor firme de parte de Dios

Jehová, tardo para la ira y grande en misericordia, que perdona la iniquidad y la rebelión, aunque de ningún modo tendrá por inocente al culpable; que visita la maldad de los padres sobre los hijos hasta los terceros y hasta los cuartos.

NÚMEROS 14.18 RVR60

Dios es un Padre celestial amoroso, pero sabe cómo implementar amor firme cuando la situación lo amerita. Tomemos por ejemplo a Adán y Eva. ¿Hubo alguna vez un caso más evidente de amor duro que expulsarlos del jardín cuando pecaron? Dios es el autor del amor… tierno y duro. Él cree en las consecuencias. Cuando surja la necesidad no temas seguir el ejemplo del Creador. Amor difícil.

## El amor dice no

El que quiere a su padre o a su madre más que a mí no es digno de mí; el que quiere a su hijo o a su hija más que a mí no es digno de mí.

MATEO 10.37

En ocasiones el amor tiene que ser duro. Debes poner límites. Si has tenido un hijo adolescente sabes qué es practicar esta clase de amor. A veces es incómodo y puede ser un poco difícil. Quieres que la otra persona sepa que la amas, pero debes mantenerte firme. Dios diseñó que el amor sea tanto tierno como duro.

## La paradoja

«He encontrado la paradoja: que si amas hasta que te duela ya no puede haber más dolor, solo amor».

MADRE TERESA

De vez en cuando el amor es doloroso. Amamos a un adolescente rebelde y Él no nos corresponde. Amamos a un cónyuge que nos da la espalda. Amamos a un padre que se enfrasca tanto en su trabajo que no puede ver más allá para comprender que solicitamos a gritos su amor. Sí, amar a otros que no responden puede ser realmente difícil, y cambia la manera en que los amamos, pero nuestro amor nunca decrece, aun en los momentos más difíciles.

## Los que reciben

Ahora, Israel, ¿qué te pide el SEÑOR tu Dios? Simplemente que le temas y andes en todos sus caminos, que lo ames y le sirvas con todo tu corazón y con toda tu alma.

DEUTERONOMIO 10.12

Si has ofendido a otros, quizás entonces sepas lo que se siente estar entre los receptores de un amor duro. Hay consecuencias por hacer lo malo, y a menudo se requieren años para probar que eres digna de confianza después de haber decepcionado a alguien. Perdonar y restaurar la confianza toma tiempo. Recibir amor duro es incómodo, pero no luches en contra. Deja que el amor gane la batalla. Las relaciones se restaurarán y los corazones se recobrarán.

# *Amor y paciencia*

## El amor es paciente

El amor es paciente, es bondadoso. El amor no es envidioso ni jactancioso ni orgulloso. No se comporta con rudeza, no es egoísta, no se enoja fácilmente, no guarda rencor.

1 Corintios 13.4–5

¡Vaya, qué impacientes somos! Queremos lo que queremos… ¡y lo queremos ya! Sin esperar. Pero el amor no es impaciente. No exige servicio inmediato. Al contrario, el amor espera pacientemente a un costado. La próxima vez que te veas perdiendo la paciencia, respira profundo. Recuérdate: El amor aguanta para todo el viaje.

## El primer deber del amor

El primer deber del amor es escuchar.

PAUL TILLICH

Vivimos en un mundo tan acelerado que es difícil mantener el ritmo. En alguna parte entre comida rápida, pañales desechables y microondas concluimos que todo en la vida se debe mover aprisa. Pero al amor no se lo debe apurar. Cuando amas de veras a alguien eres paciente con esa persona. El primer «deber del amor» es escuchar. Simplemente escucha.

# Paciencia y discernimiento

El que es paciente muestra gran discernimiento; el que es agresivo muestra mucha insensatez.

PROVERBIOS 14.29

¿Te has preguntado alguna vez por qué algunas personas son más comprensivas que otras? No son irascibles. Toman tiempo para pensar dos veces las cosas. Así es el amor. No obra por impulso. No reacciona enseguida. El amor responde con comprensión y consideración, no con palabras insensatas o una brusca recriminación. Amiga, ¡respira profundamente! ¡Deja que el amor y la paciencia dominen el día!

## Paciencia: Una buena compañía

La paciencia es compañía de la sabiduría.

SAN AGUSTÍN

La paciencia es una maravillosa compañera de la sabiduría, y también podemos decir que es una agradable compañera del amor. Porque cuando amas a otros eres naturalmente paciente con ellos. Los dejas considerar las cosas. Les das tiempo para cambiar cuando sea necesario el cambio. No los apuras hacia el objetivo. La paciencia y el amor… pruébalos hoy.

## Gozosas en esperanza

Alégrense en la esperanza, muestren paciencia en el sufrimiento, perseveren en la oración.

ROMANOS 12.12

La esperanza es un artículo precioso, ¿verdad? Cuando tenemos esperanza podemos soportar casi cualquier cosa. Nos brinda la capacidad de sobrellevar pacientemente hasta el más complicado de los desafíos. La esperanza también es una maravillosa compañía del amor. Cuando amas a las personas te encuentras tratándolas con más paciencia. Confías en que las relaciones con que Dios te ha bendecido se fortalecerán más y más con el paso del tiempo.

# A levantar a otros

## Afirmadas por amor

**La misericordia y la verdad sostienen al rey; su trono se afirma en la misericordia.**

PROVERBIOS 20.28

¿Sabes que se necesitan mil elogios para superar una palabra crítica? Es naturaleza humana aferrarse a palabras negativas. La crítica resuena fuerte y claro en nuestros oídos, pero no así el elogio. Por eso es muy importante inspirar a otros con tu amor. Expresa palabras positivas y afirmativas. Conforta. Alienta. Haz que la otra persona se sienta segura a tu alrededor. El amor no derriba. Edifica.

## Solamente lo que es útil

Ninguna palabra corrompida salga de vuestra boca, sino la que sea buena para la necesaria edificación, a fin de dar gracia a los oyentes.

EFESIOS 4.29 RVR60

Ah, cómo nos encanta hablar de otros. Generalmente no nos proponemos chismear o causar dolor, pero a menudo así es como terminan las cosas. Nos entusiasmamos. Compartimos nuestras «inquietudes» con otros. Dios desea que cuidemos lo que decimos, preocupándonos solo de lo que es útil. Así es como funciona el amor. Nos motiva a fortalecer a otros, no a derribarlos. Que toda palabra sea beneficiosa.

## Amor, el edulcorante perfecto

La vida es la flor para la cual
el amor es la miel.

VÍCTOR HUGO

Según la Biblia, en la lengua está el poder de la vida y la muerte. Las palabras pueden levantarnos o derribarnos. Debemos expresar palabras de amor mientras tengamos el tiempo, especialmente con nuestros hijos. Sea que hablemos con el cónyuge, con los hijos o con amigos, lo que sale de nuestras bocas es importante. Debemos pensar en el amor como en un cubo de azúcar. Es el edulcorante perfecto.

## Amor: la mejor medicina

El amor es la mejor medicina, y hay más que suficiente para todos una vez que abres el corazón.

JULIE MARIE

Quizás has oído decir que la risa es la mejor medicina. En realidad el amor es la mejor medicina. Administrada adecuadamente, y en el momento correcto, puede determinar la diferencia entre vida y muerte. Piensa en las personas que el Señor ha puesto a tu alrededor, aquellas que necesitan más tus palabras de aliento. ¿Por qué no administrar hoy la medicina que necesitan? Abre tu corazón y vierte amor.

# Considerémonos unos a otros

Considerémonos unos a otros para estimularnos al amor y a las buenas obras.

Hebreos 10.24 RVR60

¿Tienes una amistad que necesita tu aliento? ¿Alguien que precisa un verdadero estímulo? Pregúntate: «¿Cómo puedo animar a esta persona?» «¿Qué puedo decir que sea determinante?» ¿Puedes escribirle una nota de ánimo? ¿Expresarle palabras de fe relacionadas con su situación? El amor nos estimula, y las palabras amables de una amistad hacen lo mismo. Saca tiempo para edificar en amor a esa persona.

# El canto de amor

## Grato amor

**Ah, si me besaras con los besos de tu boca... ¡grato en verdad es tu amor, más que el vino!**

CANTARES 1.2

Es interesante pensar en nuestro trato con Dios como en una relación amorosa íntima, ¿verdad? Pero esa es la imagen que Él usa para hablar acerca de cómo se preocupa por nosotras y cómo deberíamos interesarnos por Él. Quizás por eso la intimidad entre esposo y esposa refleja verdadero amor en muchos niveles. La intensidad de preocuparnos por la otra persona es más profunda que cualquier otra relación. Pasa tiempo íntimo hoy con el Señor.

## Brincando por las montañas

¡La voz de mi amado! ¡Mírenlo, aquí viene!, saltando por las colinas, brincando por las montañas. Mi amado es como un venado; se parece a un cervatillo. ¡Mírenlo, de pie tras nuestro muro, espiando por las ventanas, atisbando por las celosías!

CANTARES 2.8–9

Dios desea que entremos en una relación íntima con Él. Corre hacia nosotras cuando estamos más débiles, a fin de ofrecernos un hombro en el cual llorar y palabras de consuelo. Él anhela que nos acurruquemos en Su regazo y le contemos nuestras angustias. Y festeja con nosotras cuando tenemos un gran día. ¡Somos Su novia! Le interesa todo lo que nos afecta. ¿Por qué? ¡Porque está locamente enamorado de nosotras!

## Nos pertenecemos mutuamente

Mi amado es mío, y yo soy suya.

CANTARES 2.16

Hay algo muy especial acerca de la relación entre un esposo y una esposa terrenales. Marido y mujer se pueden decir: «Nos pertenecemos el uno al otro», y es verdad. Lo mismo se aplica a la relación entre Cristo y Su novia, la iglesia. ¡Le pertenecemos a Él, y Él nos pertenece! Estamos unidos. Vinculados por amor. Entretejidos por gracia.

# Almas besadas

**No fue dentro de mi oído que susurraste, sino dentro de mi corazón. No fueron mis labios los que besaste sino mi alma.**

JUDY GARLAND

¿No es asombroso pensar en tener una relación con el Rey de reyes y Señor de señores? ¡Él nos ama! Nos adora del mismo modo en que un novio adora a Su novia. Ese amor protege, salva y anima. Y el Dios del universo saca tiempo para susurrarnos palabras de amor al oído. Él expresa palabras de vida y ánimo. ¡Qué novio más amoroso!

# Un sello sobre tu corazón

Grábame como un sello sobre tu corazón;
llévame como una marca sobre tu brazo.
Fuerte es el amor, como la muerte, y tenaz la pasión, como el sepulcro. Como llama divina es el fuego ardiente del amor.

CANTARES 8.6

El amor ha puesto Su sello sobre nuestros corazones, y ese sello expresa: «¡Esta es mía! ¡Prohibido tocar!» Dios es celoso de nosotras. No quiere que demos al mundo partes de nuestros corazones. Él desea que seamos una novia fiel en todos los aspectos. Si te has alejado de tu Novio, regresa hoy a Él. Deja que la llama de Su amor arda en tu corazón y te restaure por completo.

# Satisfechas por amor

## Un alma satisfecha

Tu amor es mejor que la vida; por eso mis labios te alabarán. Te bendeciré mientras viva, y alzando mis manos te invocaré. Mi alma quedará satisfecha como de un suculento banquete, y con labios jubilosos te alabará mi boca.

SALMOS 63.3–5

¡Qué satisfacción! Qué sensación más consoladora. ¿Sabías que Dios quiere que nos satisfagamos con Su amor? Nuestras almas se pueden satisfacer en Él. ¿Qué significa entonces estar satisfechas? Significa que estamos bien con el plan del Señor, no con el nuestro. Confiamos en Su amor por nosotras. Él tiene muy presente nuestros mejores intereses. Permite hoy que el irresistible amor de Dios satisfaga tu corazón, tu mente y tu alma.

# ¡Alégrate!

**Sácianos de tu amor por la mañana, y toda nuestra vida cantaremos de alegría.**

SALMOS 90.14

¿Te puedes imaginar despertando satisfecha cada mañana? El inagotable amor de Dios puede lograr eso. Puedes despertar con un cántico en los labios y el corazón alegre. ¿Por qué? porque el amor divino te sustenta durante la noche. Te acompaña al atravesar lugares tenebrosos. Valles. Despiertas a un nuevo día, refrescada con el amor y la visión de Dios. ¡Qué amanecer! ¡Qué tiempo más maravilloso para alabar!

## Compensa lo que te falta

**Si tienes amor en tu vida, este puede compensar muchas cosas que te faltan. Si no lo tienes, tengas lo que tengas... no es suficiente.**

ANN LANDERS

Cuánto deseamos «cosas». Queremos lo que todos tienen: auto bonito, casa amplia, ropa elegante, y un empleo muy bien remunerado. Casi nunca estamos satisfechas con lo que tenemos. El amor de Dios puede satisfacernos y aplacar las interminables ansias por más cosas. Desde luego, no es malo poseer cosas... mientras estas no nos posean. El amor del Señor (y el de nuestros familiares y amigos) compensa con creces la falta de posesiones materiales.

## Dichosos son

¡Aleluya! ¡Alabado sea el SEÑOR! Dichoso el que teme al SEÑOR, el que halla gran deleite en sus mandamientos. Sus hijos dominarán el país; la descendencia de los justos será bendecida.

SALMOS 112.1–2

Cuando estamos totalmente conscientes del amor de Dios por nosotras y por nuestros hijos podemos estar más que satisfechas. ¡Podemos estar pletóricas de gozo! ¿Por qué? Porque el Señor nos ha cubierto. Él ve nuestras necesidades y las suple. Nos ama con amor eterno. Y sus bendiciones no son solo para nosotras, sino también para toda una generación de personas piadosas. ¡Vaya motivo para celebrar!

## Larga vida

Lo colmaré con muchos años de vida y le haré gozar de mi salvación.

SALMOS 91.16

¿Has visto alguna vez la mirada de gozo en el rostro de un creyente anciano? La próxima vez que estés cerca de alguien en sus años dorados saca tiempo para examinarle la expresión. Lo que hallarás es contentamiento. Satisfacción. Ha caminado con Dios por mucho tiempo y sabe que el Señor no lo dejará ni lo abandonará. Ha visto la salvación divina en esta vida y espera con ansias el cielo, el cual está a la vuelta de la esquina.

# Amor inagotable

## Bajo la sombra

¡Cuán precioso, oh Dios, es tu gran amor!
Todo ser humano halla refugio a la sombra de tus alas.

SALMOS 36.7

Las personas nos fallan; afirman que van a hacer algo, y no lo hacen. Prometen estar a nuestro lado, y luego se van. Incluso nosotras fallamos a otras personas, haciéndoles promesas que no cumplimos. Pero Dios no falla, ni tampoco Su amor. Podemos confiar en Su amor inagotable. Es más, podemos vivir bajo Sus alas todos los días de nuestras vidas.

## Confía en el amor de Dios

Yo confío en tu gran amor; mi corazón se alegra en tu salvación.

SALMOS 13.5

Algunas de nosotras desconfiamos de la gente, ¿verdad? Nos han decepcionado muchas veces, y tenemos problemas para confiar en alguien, incluso Dios. He aquí las buenas nuevas: ¡Dios es confiable! No te defraudará. No te fallará. Podemos confiar en el inagotable amor del Señor.

# Ama como afirmas amar

Son muchos los que proclaman su lealtad,
¿pero quién puede hallar a alguien
digno de confianza?

PROVERBIOS 20.6

Son muy comunes los «Te amo». Los oímos en televisión, los leemos en libros, y los vemos en revistas. Todo el mundo está enamorado, aunque generalmente no por mucho tiempo. Aunque expresan las palabras, muchos de los que aspiran a amantes cambian de opinión después de poco tiempo. Si estás buscando una clase «eterna» de amor, mira hacia Dios. Él ama como dice amar, y te puede enseñar a hacer lo mismo.

## Silenciados por amor

Por tu gran amor, destruye a mis enemigos;
acaba con todos mis adversarios.
¡Yo soy tu siervo!

SALMOS 143.12

El eterno amor de Dios es poderoso. Puede hacernos saltar y gritar de alegría, y puede acallar a nuestros enemigos en un segundo. Cuando seguimos al Señor, Su amor llega con una característica «protectora»: detiene en seco a nuestros enemigos. Ah, podría no suceder al instante, ¡pero finalmente el amor sale victorioso!

## Inquebrantable e inagotable

Los montes se moverán, y los collados temblarán, pero no se apartará de ti mi misericordia, ni el pacto de mi paz se quebrantará, dijo Jehová, el que tiene misericordia de ti.

ISAÍAS 54.10 RVR60

La vida no siempre resulta como esperamos. Enfrentamos tormentas. Desafíos. Nos hieren personas a quienes amamos, y sentimos deseos de acurrucarnos en posición fetal y olvidarnos de todo en la vida. El amor inagotable de Dios nos saca de nuestra posición de dolor y nos recuerda que la conmoción no será eterna. Su pacto de paz es eterno. En realidad podemos ser inconmovibles, mientras moremos en el amor inagotable del Señor.

# Ama... con todo el corazón

## Con todo tu corazón

Jesús le dijo: Amarás al Señor tu Dios con todo tu corazón, y con toda tu alma, y con toda tu mente. Este es el primero y grande mandamiento. Y el segundo es semejante: Amarás a tu prójimo como a ti mismo. De estos dos mandamientos depende toda la ley y los profetas.

MATEO 22.37–40 RVR60

Jesús nos ordena hacer dos cosas: Amar a Dios y a los demás. Eso parece muy sencillo, ¡pero es muy difícil! Si amamos verdaderamente a Dios con todo nuestro corazón, dejando de lado nuestros deseos, anhelos y aspiraciones, esto revolucionaría nuestras vidas. He aquí la parte fabulosa: Es posible vivir así. Ama a Dios. Ama a la gente. ¡Mira cómo Dios transforma tu mundo!

# Es mejor haber amado y perdido

Sostengo que es verdad, ocurra lo que ocurra;
y lo siento cuando más me duele;
es mejor haber amado y perdido
que nunca haber amado en absoluto.

ALFRED TENNYSON

A veces solo ofrecemos trozos de nuestro corazón a otros porque tememos entregarlo todo. Pero el verdadero amor se da de lleno. ¿Qué es lo peor que puede ocurrir si amas a alguien? ¿Que no corresponda a tu amor? ¿Sientes que has amado y perdido? Todos hemos pasado por esto, pero no te preocupes. Dios ama en todo momento, incluso cuando no lo aman. Así que ámalo sin reservas. Él no te defraudará.

# Animémonos unos a otros

No dejemos de congregarnos,
como acostumbran hacerlo algunos,
sino animémonos unos a otros,
y con mayor razón ahora que
vemos que aquel día se acerca.

HEBREOS 10.25

¿Te gusta el ánimo que recibes de tus hermanos y hermanas en Cristo? Vierten el amor de Dios en ti y tú en ellos. El cuerpo de Cristo unido es una fuerza para tener en cuenta. Y en estos tiempos finales necesitamos más que nunca unos de otros. Ama con todo el corazón, ama a tus compañeros creyentes.

## Un regalo que no tiene precio

El amor es un símbolo de eternidad.
Aniquila toda sensación de tiempo,
destruyendo todo recuerdo de un
principio y todo temor de un final.

AUTOR DESCONOCIDO

El amor de Dios es indestructible e inagotable. Lo mejor de todo es que se derrama libremente de las manos de un Dios misericordioso que desea que amemos a los demás con la misma pasión y el mismo celo. Cuando estamos envueltas en Su amor, el tiempo parece estancarse. Lo único que importa está aquí y ahora. El temor desaparece. Los pecados son perdonados. Quedamos limpias... y amadas. ¡Qué regalo tan invalorable y eterno!

## Unidas

Más bien, al vivir la verdad con amor, creceremos hasta ser en todo como aquel que es la cabeza, es decir, Cristo. Por su acción todo el cuerpo crece y se edifica en amor, sostenido y ajustado por todos los ligamentos, según la actividad propia de cada miembro.

EFESIOS 4.15–16

El amor nos honra a través de nuestras equivocaciones y nos une como un cuerpo: la novia de Cristo. Aprendemos a amar leyendo la Biblia y pasando tiempo con Dios, quien al enviar a Su Hijo a morir en nuestro lugar nos dio el ejemplo definitivo de «cómo amar». Lo único que pide a cambio es que le entreguemos nuestro corazón. ¡Sigue adelante y ama, querida amiga!

# Amar a las personas por lo que son

## Mirar el corazón

**Dios ve no como el hombre ve, pues el hombre mira la apariencia exterior, pero el SEÑOR mira el corazón.**

1 SAMUEL 16.7 LBLA

Tendemos a juzgar a las personas por su apariencia exterior, y a veces la manera en que las tratamos también es afectada. ¡Menos mal que Dios nos ama a pesar de nuestras manchas y arrugas! Y nos llama a amar a los demás a pesar de todos los defectos físicos. Si quieres mostrar el amor de Dios a amistades y compañeros de trabajo, no los juzgues por cómo visten, por su estilo de peinado, o por el maquillaje que usan (o no usan). Simplemente ámalos. Punto.

## Amar a pesar de las diferencias

Cuando se manifestaron la bondad y el amor de Dios nuestro Salvador, él nos salvó, no por nuestras propias obras de justicia sino por su misericordia. Nos salvó mediante el lavamiento de la regeneración y de la renovación por el Espíritu Santo.

TITO 3.4–5

Todos somos distintos. Únicos. Dios nos creó individuales a propósito. Tenemos diferentes filosofías, diferentes puntos de vista políticos, y diferentes maneras de comunicarnos. Menos mal el amor de Dios reemplaza todas esas diferencias. Estamos llamadas a amar a pesar de ellas. Hoy día, en lugar de irritarte con alguien que ve las cosas de modo distinto a como tú las ves, extiende amor, el cual cubre multitud de diferencias.

# Cinco minutos

Si descubriéramos que solo nos quedan cinco minutos para decir todo lo que quisiéramos expresar, todas las cabinas telefónicas estarían ocupadas por personas llamando a otras para tartamudearles que las aman.

CHRISTOPHER MORLEY

¿Has pensado alguna vez cuáles serían tus últimas palabras para aquellos que amas? Lo más probable es que no los criticarías ni les dirías lo que deben cambiar. No, es mucho más probable que estarías luchando por expresar un último «te amo» para que todos oigan. Al final esas palabras son en realidad las únicas que importan, ¿verdad que sí?

## Estilos de adoración

En Cristo Jesús de nada vale estar o no estar circuncidados; lo que vale es la fe que actúa mediante el amor.

GÁLATAS 5.6

El cuerpo de Cristo está compuesto de millones de personas alrededor del mundo. Somos como copos de nieve; no hay dos iguales. Claro que adoramos al mismo Dios, pero adoramos de manera distinta. Algunos alaban con gran entusiasmo. Otros prefieren un tranquilo y apacible servicio de adoración. En vez de enfocarnos en nuestras diferencias, el amor las ve pasar y lucha por la unidad. ¿Cuál es la fuerza que nos une? ¡Jesús! Y Jesús es amor.

# Amor que soluciona problemas

Nunca dejes que un problema por solucionar se vuelva más importante que una persona por ser amada.

Barbara Johnson

Con mucha frecuencia intentamos aconsejar con la esperanza de cambiar a los demás. Afirmamos hacerlo por el propio bien de ellos, pero a menudo en realidad estamos tratando de conformarlos a nuestra imagen. El amor no busca cambiar a las personas. Solo Dios puede producir cambio. Así que si la persona a quien intentas «ajustar» parece no querer cambiar, no consideres eso un problema. Ama a ese prójimo. Deja que Dios haga el resto.

# Amor eterno

## Desde la eternidad hasta la eternidad

La misericordia de Jehová es desde la eternidad y hasta la eternidad sobre los que le temen, y su justicia sobre los hijos de los hijos.

SALMOS 103.17 RVR60

¿No es interesante pensar que Dios ha existido eternamente? Antes de que Él crease los cielos y la tierra, Él era. Y además, estará en la «eternidad» venidera. Aun más sorprendente, Dios ha amado por siempre a Su pueblo. Amó a la humanidad en el huerto, y nos amará mucho después de que todos estemos en el cielo con Él. Su amor realmente va desde la eternidad y hasta la eternidad.

## Atraídas con misericordia

Con amor eterno te he amado; por tanto, te prolongué mi misericordia.

Jeremías 31.3 RVR60

«Infinidad» es un concepto difícil de captar. Al expresar la palabra *eterno* estamos muy conscientes de que la vida eterna va más allá de la que experimentamos aquí en la tierra. Cuando le pedimos a Jesús que entre a nuestros corazones y se convierta en el Señor de nuestras vidas, entramos a una existencia «eterna» con Él. Y Su amor también dura para siempre. Esto no significa tan solo aquí y ahora, sino por toda la eternidad. ¡Alaba a Dios por Su amor eterno!

## Florece en el amor de Dios

Pero yo soy como un olivo verde que florece en la casa de Dios; yo confío en el gran amor de Dios eternamente y para siempre.

SALMOS 52.8

Florecemos como árboles plantados cerca de ríos de agua viva cuando confiamos en el inagotable y eterno amor de Dios. Seguimos creciendo cada vez más fuertes. Mientras cavilas en este amor «eterno» que el Señor ofrece por medio de Su Hijo, confía en que Él caminará contigo por el resto de tus días y te hará más fuerte de lo que tú has sido. ¡Puedes florecer en el amor eterno de Dios!

# Esperanza en el Señor

El gran amor del Señor nunca se acaba, y su compasión jamás se agota. Cada mañana se renuevan sus bondades; ¡muy grande es su fidelidad! Por tanto, digo: «El Señor es todo lo que tengo. ¡En él esperaré!»

Lamentaciones 3.22–24

El amor de Dios es inquebrantable. Firme. Inconmovible. No lo zarandea cualquier viento, que sopla de aquí para allá. Nuestros sentimientos cambian a veces cuando amamos a los demás. Un día somos ardientes, y heladas al siguiente. No pasa así con el Señor. Él está en esto para el largo recorrido, aunque hayamos desordenado todo. Y este amor inquebrantable nos guarda durante esta vida y la venidera. ¡Toda la alabanza para Aquel cuyas misericordias nunca terminan!

## Gloria eterna

Al que nos ama y que por su sangre nos ha librado de nuestros pecados, al que ha hecho de nosotros un reino, sacerdotes al servicio de Dios su Padre, ¡a él sea la gloria y el poder por los siglos de los siglos! Amén.

APOCALIPSIS 1.5–6

¡Ah, cómo el amor de Dios nos induce a alabar! Su amor eterno nos ha salvado y nos ha hecho Sus herederas, Sus hijas, Su propiedad. No hay otro lugar al que podamos ir para recibir tan incondicional amor. ¡Que podamos adorarlo desde ahora y hasta la eternidad, ofreciendo alabanza y gloria por este amor espectacular!

# Índice de pasajes bíblicos

## Antiguo Testamento

Daniel



Oseas



Sofonías



## Nuevo Testamento

Mateo



Lucas



Juan

# Notas

# Notas

# Notas

# Notas

# Notas

# Notas

# Notas

# Notas